你的声音可以改变世界

OFF THE SIDELINES: RAISE YOUR VOICE, CHANGE THE WORLD

关于女性、工作、独立及领导意志

（美）**柯尔斯顿·吉尔布兰德**／著
Kirsten Gillibrand

袁小茶／译

新星出版社 NEW STAR PRESS

著作权合同登记图字：01-2015-4706

OFF THE SIDELINES: RAISE YOUR VOICE, CHANGE THE WORLD by Kirsten Gillibrand
Copyright © 2014 by Kirsten Gillibrand
Foreword copyright © 2014 by Hillary Rodham Clinton
This translation published by arrangment with Ballantine Books,an imprint of Random House,
a division of Random House LLC
through Big Apple Agency, Inc., Labuan, Malaysia.
Simplified Chinese edition copyright © 2015 by Thinkingdom Media Group Ltd.
All Rights Reserved.

图书在版编目（CIP）数据

你的声音可以改变世界 ／（美）吉尔布兰德著；袁
小茶译 .—— 北京：新星出版社，2015.9
ISBN 978-7-5133-1846-4

Ⅰ . ①你… Ⅱ . ①吉…②袁… Ⅲ . ①吉尔布兰德－
自传 Ⅳ . ① K837.127=6

中国版本图书馆 CIP 数据核字（2015）第 167935 号

你的声音可以改变世界
（美）柯尔斯顿·吉尔布兰德 著
袁小茶 译

责任编辑　汪　欣
策　　划　好读工作室
装帧设计　7拾3号工作室
内文制作　杨兴艳

出　　版　新星出版社　www.newstarpress.com
出版人　谢　刚
社　　址　北京市西城区车公庄大街丙 3 号楼　　邮编 100044
　　　　　电话（010）88310888　传真（010）65270449
发　　行　新经典发行有限公司
　　　　　电话（010）68423599　邮箱 editor@readinglife.com
印　　刷　北京中科印刷有限公司
开　　本　700mm×990mm　1/16
印　　张　17.25
字　　数　200千
版　　次　2015年9月第1版
印　　次　2015年9月第1次印刷
书　　号　ISBN 978-7-5133-1846-4
定　　价　39.80元

版权所有，侵权必究；如有质量问题，请与发行公司联系调换。

如果你也像我一样，读这种人物自传的目的，是为了去看看作者的人生，看看他们是如何实现自己想要的人生，然后想想能否收获一些启发，合上书之后实现自己想要的生活。

　　那么我的这本书里，你将看到我如何一步步成长、如何一步步实现了我想要的人生。在漫漫长路中，也许会对你的人生有些许启迪，此心足矣。

———柯尔斯顿·吉尔布兰德（Kirsten Gillibrand）

名人推荐

《你的声音可以改变世界》不仅是一本自传，更是一本关于家庭、公共事业和努力奋斗的沉思录——并且故事还远没有结束。我希望它能启迪更多的人，特别是年轻女性，鼓励她们以柯尔斯顿为榜样。

——希拉里·克林顿

美国前国务卿 前第一夫人

参议员柯尔斯顿·吉尔布兰德，在本书中记录了她通向纽约州参议员的所有心路历程。全文贯穿着一种非常重要的公共意志，言辞诚恳有力，又不乏诙谐幽默，为女性不再旁观、改变世界提供了非常实用的鼓励。

——谢丽尔·桑德伯格

Facebook 首席运营官，《向前一步》作者

柯尔斯顿·吉尔布兰德的这本书，为下一代年轻女性提供了重新自我角色定位的启迪。柯尔斯顿的"你的声音可以改变世界"并非意味着每个女性要爬到最顶端才是胜利者，也并不意味着女性的家庭与事业注定"鱼和熊掌不可兼得"——它只意味着，你不要再旁观，参与进来，无论是居庙堂之高，还是处江湖之远，它都告诉我们，"只要女性们参与进来，一起努力，我们就一定能赢。"

——阿里安娜·赫芬顿

美国《赫芬顿邮报》网站创始人

读完柯尔斯顿的这本书，一股自豪感在我心中油然而生——无论是作为女性、美国公民，还是她的朋友。她非常生动地告诉我们，当我们对自己坦诚相待、用足够的勇气去发出声音时，世界会回报我们怎样的惊喜。全书的文字都如知己般推心置腹，又发人深省。《你的声音可以改变世界》应该列入每个女孩和女人的必读书单，甚至每个男孩和男人也都值得一看。

——康妮·布里登

美国职业女演员，代表作《胜利之光》

参议员柯尔斯顿·吉尔布兰德的故事是一本非常详实的指导，为那些希望找到自己方向、试图理解权力世界、在自己的既得利益受到侵害时无法捍卫自己的女性提供了切实帮助。如果你是一个希望改变世界的女人，你一定要看看《你的声音可以改变世界》这本书，向你提供了真实政治圈的认知。

——派珀·科尔曼

《女子监狱》作者

柯尔斯顿·吉尔布兰德，是代表女性立场的最有力的领导人之一，《你的声音可以改变世界》为女性如何在政治领域发出声音做出了完美诠释。

——金夫人

历史上最伟大的女子网球选手和女运动员之一

对于所有希望得到改变并提升影响力的女性来讲，《你的声音可以改变世界》是必读书目。吉尔布兰德分享了她在政治领域提升话语权的秘密——你是应该在办公室岗位上坚持己见，还是应该在会议室绞尽脑汁，抑或是简单地想想如何改善一下你家孩子的教学环境——对于希望突破自我的女性来讲，这本书是非常重要的一课。总之，如果你只是在办公岗位上埋头苦干，但是一句话都不敢讲，你就彻底失掉了机会。

——乌苏拉·伯恩斯

《福布斯》2012 年全球权势女性榜第 17 名

参议员吉尔布兰德为当代女性提供了鲜活的榜样，用她的个人经历，有力地阐明了为何我们女性同样需要关心我们的政府和政治。她的文字坦诚而幽默，告诉了我们为什么在这场游戏中，同样需要女性角色。

——杰拉尔丁·莱伯恩

氧气传媒公司创始人

投身其中

文 / 希拉里·克林顿　美国前国务卿 前第一夫人

当我和柯尔斯顿·吉尔布兰德第一次握手时，她直直地看着我的眼睛，说："您需要帮忙吗？"那时候我正在筹备竞选纽约参议员，柯尔斯顿希望全力以赴地助我一臂之力。远不止如此，柯尔斯顿的整个人生都在围绕着这个问题——"您需要帮忙吗？"每当有问题需要解决，有不公之处需要指正，有人需要帮助，柯尔斯顿就会挽起袖子，投身于此。"事不关己，冷眼旁观"八个大字，似乎从没有写入过她的 DNA。这本书贯穿她的整个职业生涯，无论是之前作为律师、美国众议员，还是现在作为美国参议员——这些故事都囊入此书之中。

《你的声音可以改变世界》不仅是一本自传，更是一本关于家庭、公共事业和努力奋斗的沉思录——并且故事还远没有结束。我希望它能启迪更多的人，特别是年轻女性，鼓励她们以柯尔斯顿为榜样。一个国家民主制度的健康发展，不仅仅依靠男人，也同样需要女人——需要女性不再旁观、积极参与——去投票、辩论、组织、竞选，然后做这个国家的主人。

柯尔斯顿并非天生的参议员，但是她的骨子里就有公共事业的精神。她的故事开始于另一个丰碑式女性人物——多萝西娅·波莉·麦克林，也就是柯尔斯顿的外婆。在那个鲜有女性形象跻身于政治的年代，波莉就是那个年代的女性政治运动先驱，不仅仅在奥尔巴尼政界赢得了难以撼动的话语权，更为柯尔斯顿树立了女性参政议政的标杆。柯尔斯顿是被"民主政治"喂大的孩子——在她的童年时期，每逢周末，小小的柯尔斯顿就开始在外婆的政治竞选团队帮忙，叠传单，装信封，在汽车上贴标语，体验小小的政治参与感。除了外婆之外，柯尔斯顿的妈妈也是一位出色的女性运动开拓者——一位杰出的律师，身兼母亲和工作女性双重角色的时代先锋。这些优秀的新女性形象，对柯尔斯顿的人生起到了非常重要的影响——在柯尔斯顿小时候，她母亲就经常一边在厨房给家人做晚饭，一边拿脖子和肩膀夹着电话，和律所客户谈论案子。母行女效，现在柯尔斯顿一边在参议院忙着议案投票，一边瞄一眼在走廊里等她的两个小宝贝。而这一点，也正是《你的声音可以改变世界》一书超越政治领域的力量——当今时代，无数的工作女性面临事业和家庭的两难处境。有时候，总有一种声音告诉我们女性，事业和家庭是一场零和 [1] 游戏——"鱼和熊掌不可兼得"。但是柯尔斯顿用自己的亲身经历告诉我们，对女性而言，事业和家庭也可以双丰收。女性可以引领自己、引领她们的社区，甚至引领这个国家。而我们所需要的，就是该出手时就出手的勇气和投身参与的机会。

当我接受了奥巴马总统的邀请，出任美国国务卿一职，我需要一个强有力的候选人来补缺我之前作为纽约州参议员的职位。从9·11事件到金融危机，纽约人经历了异常艰辛的 8 年。他们在 2000 年的时候赋予了我作为纽约州参议员的机会，而现在，他们需要一个同样办事高效、尽职尽责的新参议员，在华盛顿代表他们的切身权益。

柯尔斯顿是一个非常好的选择。作为一位女性众议员，她举家北迁，在纽约州北部选区的竞选中成功折桂，并为她的选区居民切实有效地解决问题、争取权益。同时，她是"政治透明化"的倡导者，把每周的"阳光周报"晒在网上进行公示，让选民能一目了然她每周的时间安排。纽约时报称其为"一次不动声色的改革"。在柯尔斯顿就职宣誓的几天之前，我和她，还有大卫·帕特森州长、参议员查克·舒默，四个人一起吃午饭。柯尔斯顿就对我们说："我感觉这次会一鸣惊人！"然后，天啊，真让她说中了！于是一夜之后，她就从一个众议院的后生晚辈，变成了一个杰出而拥有更大话语权的参议员。

柯尔斯顿的政治生涯中，我由衷欣赏她的一点，就是她对备受瞩目的9·11 医保议案所做出的巨大努力。为那些因 9·11 事件而饱受后遗症折磨的受害者们发出声音，这也是我在担任纽约州参议员期间一直努力的心愿之一。不仅如此，饱受争议的美国军队性侵议案——一个背后关系错综复杂、牵一发而动全身、在国会没人愿意碰的"烫手山芋"——柯尔斯顿却咬紧牙关、顶着所有压力为性侵受害者争取权益。此外，她做事坚持原则，为州人民创造就业机会，同时还是国会垒球队的副队长！

而柯尔斯顿的一切努力，也渐渐取得了成效。她没有闲心去琢磨华盛顿权力中心功能性紊乱的你掐我打——我们需要更多像柯尔斯顿一样的女性领导力量——致力于达成共识，而不是选择焦土战略[2]。

正如绝大部分参与政治竞选的女性一样，柯尔斯顿也面临过巨大的挑战。

但她并没有急着铲除对手扫清障碍，而是转身去帮助那些在身后支持她的女性们。对了，柯尔斯顿还是在美国国会历史上，第六位在议员任期内生孩子的女性——向所有人再次证明，女性的事业和家庭不是零和游戏，在当好一个称职的人民公仆的同时，也可以做一个称职的母亲。而事实上，母亲的角色会更有助于女性做好人民公仆的工作。

对于柯尔斯顿来讲，人民公仆并非是她的工作，而是一项使命。她看到那些忍受着痛苦、承受着不应属于他的苦难、有才华却没有公平竞争的人们——然后她问了他们同一个问题，就像当年她第一次见我时一样——"您需要帮忙吗？"而也正因如此，她不仅成了一位出色的参议员，也是一位出色的朋友。

目录

引　言

你的声音很重要

她就像一束射光，把我从头射到脚。我清了清嗓子，开始浑身冒汗，在那一刹那意识到，我需要改变我的生活。

我们需要做出改变，我们需要凝聚我们的力量，我们需要形成全民讨论，我们需要变得有力，我们的声音，需要被社会听到。

如果我有一个女儿，我希望告诉她一些事情。我希望告诉她，聪明是件好事，而且是大好事——因为聪明让你变得强大。我希望告诉她，情绪本身是有力量的，所以你不用羞于表达。我会告诉她，有些人会以貌取人，通过你的长相和穿着"见人下菜碟"——事实就是如此，但是你依然要关注的是自己的言谈举止。我会告诉她，也许你看到的这个世界，和男孩子们看到的世界是不一样的。这点很重要，而且很好。

上述这些话我不会对我的儿子们讲，因为没必要——他们已经相信自己是天生强而有力的，别人也会尊重他们的世界观。而告诉我这一点的，恰恰是我两岁半的小儿子亨利。有一天，我的丈夫乔丹森带着两岁半的他，还有七岁的西奥，一起去西奥多·罗斯福岛¹探险。罗斯福岛真是个好地方，恰好镶嵌在波托马克河的中央，到处是啄木鸟和青蛙，山径与沼泽交错中汇，17 英尺²高的罗斯福青铜像闪闪发光，在阳光的照射下显得比生命更高贵。沿着其中一条山路，大儿子西奥和小儿子亨利开始爬山。丈夫在前面开路，并没有抱着亨利，只是非常兴奋地冲着他俩鼓气："小子们，加把劲！"

小亨利还真的很给力，用力点点他的小下巴，跟他老爸说："我们能行！因为我们是男人！"

回到我们刚刚的话题，我很爱我的儿子们，很爱小儿子亨利的自信。我希望他有一天能知道这世界是他的。但我并没有刻意教他这一点，一个两岁多的孩子怎么似乎天生就知道"我能行，因为我是（一个非常小的）男人"？在我们家，能力从来和性别无关。在全美仅有的 20 名女性参议员当中，我是其中一员。所以你可以想象，我的这个工作，对于美国女性来讲，有多么特殊。再转到刚才爬山的话题，在小儿子亨利上的幼儿班，有那么多的小姑娘，你觉得在面临同样的状况时，有多少小姑娘会站起来勇敢地说："我们能行！因为我们是女人！"

我可以告诉你有多少个——零。如果有，或许伊丽娜有可能（我们在稍后会谈到她）。这就是我要写这本书的原因。我希望女人和女孩子们能够相信，她们可以做到，像男人和男孩子们一样地做到。我希望她们能够认可自身的能量和价值，大声说："我们能行，因为我们是女人！"——这并不仅仅是她们的自我感知，这关乎到我们所有女性——女孩子们的声音很重要，女人的声音很重要。从国会到公司董事会，再到家庭教师协会³，这个国家需要更多的女性，去分享她们的思想，在决策桌前占有一席之地。

这并不是一个新鲜想法。早在第二次世界大战期间，铆钉露斯⁴号召女性们进入制造业工厂上班（这些工作传统上是由男性来做）。铆钉露斯的宣传活动有一句极简的口号："我们能行（We can do it）！"此外，铆钉露斯告诉了女性两件事：第一，我们需要你；第二，你很重要。我的太婆（外婆的母亲）咪咪，和我的姨婆（外婆的姊妹）贝蒂，都是亲眼见证过铆钉露斯的年代，她们看到海报，解掉厨房围裙，带头来到沃特佛利特兵工厂[5]上班。在我的童年记忆中，太婆卧室里那些用贝壳套做的台灯，就是这家兵工厂生产的。铆钉露斯的运动超直接、超常规，但是超有效。到二战结束的时候，已经有 600 万名女性，其中包括我的奶奶和姨奶奶，都开始走出家门，外出工作。铆钉露斯的一代女性，永久性地改写了美国经济和女性在其中扮演的角色。

我们这一代女性依然需要铆钉露斯——并非是需要她带领女性走上专业化的职业岗位（她们已经在岗位上了），而是需要她来提升女性在公共领域的话语权，确保她们充分地参与到决策之中，共同塑造这个国家。

当我第一次意识到这一点时，那年我才 28 岁，从律师事务所的办公桌前抬起头，偶然透过媒体，看到我们的前第一夫人希拉里·克林顿，在中国北京发表世界演讲。作为联合国世界会议的女性成员，她向这个世界传递了一个简洁有力的信号：女权和人权是同一的。那时我刚刚在达特茅斯学院[6]完成了亚洲研究的主修课程，在北京学汉语普通话。我被震惊了——我无法相信，希拉里可以如此大胆而坚决地在中国——这个女权运动发展要比美国晚几十年的国度，发表如此的演说。我真恨自己当时没能在现场，甚至都没有事先知道还有这个会议。这件事唤醒了我，原来这个星球上还有如此重要的全球会谈。我深深地关心这件事，而我当时还尚未参与。

我还在等什么？等着人家下帖子邀请？感谢我的外婆波莉，当时她跻身于奥尔巴尼[7]政界，于是我从小就是听着政治故事睡着的——政治谈论，已经变成了家里的一种背景音效。当我还是一个小萝莉的时候，也就六七岁左右，就开始扎着马尾辫，和我妹妹艾琳、表姐玛丽·安妮坐在一起，听她们"宣布"自己长大后要做女演员或空姐。那时候我就说："我要做参议员（我那时并不十分清楚参议员到底意味着什么，只是模糊地感觉这个职业非常神圣而且重要）。"到高中毕业的时候，我已经从小萝莉的幻想中清醒过来，知道参议员的职业对女性来讲，是一个近乎狂妄和放肆的遐想。于是我转变了想法，想想还是去做一名律师更靠谱。但当我听完了希拉里的北京演讲，它像是一场洗礼，让那些未被岁月滤掉的童年时代的自我感知重新回来了。我是多么希望能有一天也像希拉里一样站在那里——但那就意味着我必须更多地投身于政治，重新拥抱被我丢掉的那部分自己。

当时，我正和当了女演员的小妹妹挤在曼哈顿上东区的一个小公寓，每天工作 15 个小时以上早已是家常便饭。尽管如此，在工作之余，我还是志愿加入了当地的一个慈善机构，希望能做出一些小小的改变。但现实是残酷的——政治早已离我太过陌生。我所有的"政治经验"，还是我小时候帮外婆和她的朋友们在纽约北部参选候选人。好在事情总有转机。正在踌躇的时候，我打电话给我一个朋友的妈妈——她当时正在给前副总统戈尔[8]效力，负责儿童和家庭政策的相关事务。我非常信任和尊重这个阿姨。于是，当她建议我去加入新成立的女性领导力论坛——一个主要为希望跻身政治的女性筹集资金的政治组织，我欣然答应了。

几周之后的一个晚上，我特意从办公室早下班，径直地穿过皇后区大桥[9]附近的几个街区，来到河边俱乐部，去听前第一夫人的演讲。当时我穿着自己最好的蓝色小西装，又兴奋又紧张，站在房间的最后一排，感觉自己已经被单调的生活搞得身心俱疲。我并不知道自己是这房间上百名女性中年纪最小的一位，但我知道，前第一夫人的一些话，彻底地改变了我："在华盛顿这座城市，每天都有各种决定在这里酝酿并形成。如果你不是决定的制造者之一，你就会讨厌他们为你做出的决定。那时候，你不能怨任何人，只能怨你自己。"

她并不比一株盆栽植物更了解我[10]，甚至没有朝我的方向看一眼。但是她就像一束射光，把我从头射到脚。我清了清嗓子，开始浑身冒汗，在那一刹那意识到，我需要改变我的生活。其实在当时，我经历着很多人眼中"走向正轨"的人生——我在一个大型律师事务所找了一个合作伙伴，这意味着我会有一份非常优渥的薪水，过日子养家是绰绰有余了。但是在那一晚，那场演讲，那个房间，让我第一次开始面对真实的自己：这并不是我想要的人生。我希望我的工作能够彰显自我价值，我希望我能够参与到决策的形成过程，我希望去积极地影响和帮助更多的人，我希望能有一种投身公共事务的人生。"竞选"！这个从脑子里蹦出来的想法把我自己也吓了一跳，但是却深深地扎下根来，我知道，终有一天我要这样做，我必须这样做。前第一夫人是对的：如果女性不去参与到公共事务当中，不去为她们自己的诉求去努力争取，那么这些别人制定的决策就不一定是自己想要的，而到时候我们不能怨任何人，只能怨我们自己。那段时间，我天天脑子里都在想这件事。在社会的各个层次上，从国会大厦到你所在城市的市政厅，从市政厅到你家附近的学校，我们都需要参与，女性的话语权都需要得到关注。我们的生活，我们的社区，我们的这个星球，都将因此而变得更加美好。

现在将近二十年过去了，我依然在为女性的话语权而奋斗。女性在政治领域的现状并不尽如人意。诚如格劳瑞亚·斯坦尼姆[11]所言，"真相会让你自由，但它首先会尿你一身"。这就是我坦率的事实：我很愤怒，也很绝望。我很害怕妇女运动已经死亡，或仅仅限于最基本的生存保障。我们一直在说要打破"玻璃天花板"[12]，但是我们依然需要回过头来清洗我们的"胶粘地板"[13]，确保所有的女性都有上升的发展机会。

美国人们需要"要求改变"。在发达国家当中，我们是唯一一个没有带薪产假的国度。我们没有带薪的家庭病假，婴幼儿日托费用居高不下，学前班不能得到保障，男女同工同酬制度在很多地区依然是一纸空文。当我们的国会议员没有为这些条件的争取做出努力，我们做了什么？我们什么都没做，什么都没法做。我们并没有让国会议员代表我们的权利。试想，如果这些政治家对第二修正案或农产品补贴方面毫无建树，那些选民能继续保持安静吗？根本没门。他们恨不得扯了你的罩罩——选民很生气，后果很严重。诚然，我们有庞大的女性宣传组，配有强大的女性领袖们，为女性的选择权做斗争，但是我们，作为女人，无法有效参政议政。我们没有一个功能性的妇女运动。我们需要做出改变，我们需要凝聚我们的力量，我们需要形成全民讨论，我们需要变得有力，我们的声音，需要被社会听到。

这就是我的"铆钉露斯运动"，一个希望所有女性都投入其中的恳求。如果女性能够充分地进行参政议政，你觉得我们还有必要浪费时间讨论避孕问题吗？当然没必要。我们会稳定经济、寻求国家安全，同时提升教育。如果女性能够在政治领域赢得更多的话语权，军队的性侵受害者就能有更透明的渠道得到上诉，性侵悲剧会更少地发生——因为我们在很早之前就在坚持相关的透明度和责任制。此外，护理人员能够得到更多的支持，得到她们应得的尊重。百姓负担得起的婴幼儿日托、免费的学前班、带薪家庭病假、（男女）同工同酬、提高国家最低工资标准……这些将犹如囊中取物，不再是梦想。如果女性能够在政治领域赢得更多的话语权，我们国家的优先权将进一步扩大，问题解决方案将变得更睿智、更加多样化，我们的民族和经济都将更加富强。

所以，带着一颗希望将你们之中一部分人拉入行动、不再旁观的拳拳之心，我将在此书中，分享我在公共事务第一线的故事，同时，也穿插一些我自己关于女性内在力量、克服障碍、协调家庭、寻找生活的快乐与意义的心得体会。在此，我希望告诉你最重要的一课：你的声音很重要——对我们都很重要。众志成城，相信我们能够携手建设一个我们需要、我们值得拥有的国家。最后，想和大家说，我们能行，因为我们是女人。

第 1 章

我是外婆波莉的外孙女

温柔之余，我妈也会露出她"女汉子"的一面——她爱冒险，能拿着12枚子弹规格的猎枪，去打感恩节要用的火鸡。她还是空手道的黑带！

事后，有人告诉外婆，她带回来的这人，曾经可是作为杀人犯入狱的。但外婆一点都没害怕，说道："我觉得他就是个可爱的大男孩啊！"

我妈不仅继承了我外婆"波莉"的绰号，也继承了外婆活出自我的个性。几十年后，我妈又把这一优良传统遗传给了我。

我妈是在身体力行地告诉我，作为一个女性，你是可以同时做好一个称职的律师、一个空手道黑带、一个温柔贤惠的母亲。这就是她一直所坚持的，而且她想跟小姑娘们说，你们也可以做到。

我妈是在圣伊丽莎白医院[1]的产科病房里，完成的她的司法考试答卷——在仅仅两天之前，她刚刚生完我的哥哥道格。一年半后，她在还有三天即将临盆、迎接我的出生的时候，又挺着大肚子参加纽约律师协会的性格测试。而有一点我特别想说的是，我妈，这个似乎比我见过的所有女人都更有力量和胆识的女人，其实身高不到一米五八[2]。她的娇小身形真的没有余地去掩饰已怀孕的事实。套了一件巨宽松的蓬蓬裙，挺着大肚子，我妈就这样走进了纽约州最高法院的大厅里。那些非常绅士而高贵的律师们见了我妈，问了她三个很容易回答的问题，就告知她已经通过了复审，然后挥手送她至门口。

那还是 1966 年。当我妈得知她是法学班仅有的三名女生之一，我妈心里明白，她正在做一件与众不同的事情。她属于那代人当中最先接触女权运动的一拨人，但这并不是促使她学法律的原因。她选择法律，完全是没有什么意识形态的考虑，只是单纯的家庭影响——她压根没想过除了法律之外还能学什么。她只是想有自己的工作，有亲身的实践，然后为人妻为人母。然后她把它们都实现了。

我妈是我最重要的行为楷模。我特希望像她一样——聪明、自立、有自控力。我拼尽全力地想成为她最得意的孩子，但是她一直对我、我妹、我哥都一视同仁。直到今天，我妈也总是喜欢跟别人说，老二（我）就是她那副我行我素的德行。因为按中国生肖来讲，我出生的1966年属于六十年一遇的"火马之年"，我就是个火马命³，加之射手座女生天生有着极强的独立思想（甚至极具破坏性）。当然，我妈和我都认了我的这副德行——因为家庭造就如此。我妈和我外婆就是两个极有性格的女人——超能干、超有心胸，而且不落俗套。她俩构建了我整个对于女性和职业的参考框架。此外，她俩告诉了我人生中非常基础性的一课：做你自己就好。

然而从外在方面来看，我的童年普通至极，甚至几近无聊。在我四岁之前，我家都蜗居在奥尔巴尼，帕南特街道一栋棕白相间遮光板的房子，我爸妈只花了1.1万美元就全款买下，那就是我家了。我爸平常在法学院上班，闲暇时间就去做法语老师。尽管如此，我爸至今还开玩笑说，他法语其实说得不算太好。在我妹艾琳出生之后，情况终于有了些许改善，我爸妈盖了一栋错层式的大农场，看上去超像《脱线家族》⁴里边的那栋房子——六十年代的摩登风格，大窗子，明亮的灯光。房子坐落在乡下一个独头巷道⁵的尽头，四周环绕着高速路。我姥姥、我姨姥姥、我的两个舅舅也住在附近。在我们搬进来的那一晚，家具还没有送过来，我妈就拿一个纸箱放在我的床垫旁边充当临时床头柜，然后在上边放了一只小花瓶，里边插着一小束花。这束小花，算是我妈对我们发放的上千种"家庭温柔福利"的一种。温柔之余，我妈也会露出她"女汉子"的一面——她爱冒险，能拿着12枚子弹规格的猎枪，去打感恩节要用的火鸡。她还是空手道的黑带!

周一至周五的早晨,从幼儿园到中学,我都是一身白色小衬衫、深蓝小套装,配上蓝色中筒袜和开襟羊毛衫。我爸会开车送我和我妹去赫利女子学院[6]上学,我哥则自己坐公车到圣格雷戈里大学预备学校[7]读书。等到放学了,我妈下了班就会踩着学校规定接孩子的"最后时间"把我们接回家(现在我自己当妈了,才发现自己和我妈当年的做法如出一辙)。从进家门到做完晚饭,我妈30分钟之内绝对速度搞定。在周末,我和我哥、我妹,还有我的几个表亲就会在我家和我姥姥家之间的草地上玩会儿捉迷藏之类的游戏。到了夏天,我们就会到新泽西州的波因特普莱森海滩[8]租两周的房子度假,和我奶奶家的一大家子人热闹热闹——我爸爸的兄弟姊妹有六个,一大群的大姑小姑、伯伯叔叔,还有同宗的一大堆兄弟姊妹。

从很多方面来看,我家就是非常典型的美国20世纪70年代的中产阶级,你不必拨开这层普通的外表,去看看到底有什么不同之处。顺着我家旁边的马路一直走,就到了我太婆家,她在二战时期一直在沃特佛利特兵工厂,工作的内容就是制造大型枪支和军火。太婆是个极其独立、顽强的女人,我太公年轻的时候酗酒成性,太婆竟然在那个年代敢把太公踢出家门,然后自己拉扯着几个孩子过日子。当然,太婆从没有选择过离婚,也从没有选择停止爱他。太公后来得了肺癌,太婆还是把他接了回来,悉心照料直至他去世。我的外婆——多萝西娅·波莉·麦克林,在这一点上真是继承了她妈的[9]优良领导才能。外婆就像是个火花塞的火嘴,身高不到一米五三[10],在奥尔巴尼的南部长大,全盘吸收了她那些爱尔兰邻居身上的坚韧和骄傲，吵架就没输过。她敢讲黄段子，让那些质疑和看低她的男人们全部缴械投降。她骂起人来真是一绝，用词儿就跟圣诞树上挂的灯似的——五个、八个、十个连成一串儿骂出来，压根就不带重复的。

我必须承认，非常遗憾的是，我继承了我外婆的"色彩语言"，虽然我从来不会连续骂出两个字。有一次，当参议员乔·利伯曼——一位非常文雅而虔诚的宗教徒，问了我一个议案的情况，我就给他背长诗一样讲了一通政治策略，而这其中夹杂了一个词——估计没人敢在他面前说出口的词。几分钟之后，一个工作人员把我拽到一边，说："您竟然在乔·利伯曼面前骂了一句'我擦'[11]！"我都没意识到……啊，利伯曼先生竟然没被我吓到，上帝保佑他有教养的小心脏。

我外婆没念过大学，她娘家的所有人都没念过大学。在 1936 年，20岁芳龄的外婆嫁给了一个来自纽约沃特佛利特地区的虔诚小伙子，这个小伙子后来就成了我的外公彼得·努男。两年后，外婆在纽约州立法机构谋到了一份秘书的差事，从此，外婆的人生开始有了她同龄人根本无法想象的跳跃和逆转。从 1920 年到 1980 年，奥尔巴尼一直是一个民主党阵营下没有完全恢复活力的机工城市，连续超过 40 年都是同一个市长。在我开始涉足政坛的时候，奥尔巴尼已经有了一定发展，但在我外婆的那个年代，芝加哥和纽约还没有任何可比性。那时候，奥尔巴尼继续着忠诚与友好，比如，如果你想找个人来帮你灌开水壶，或者你叔叔想找份帮人把松落叶的工作来慰藉失业的痛苦，于是你开始给熟人打电话，问有没有推荐的人？过不了多久，这电话就要打到我外婆那里了。她爱她的城市，也爱这座城市里的人，但她一直坚持认为奥尔巴尼没有政治机器。"没有政治机器！只有一坨烂醉的组织，"她说，"还有一个空心儿的机器。"

在我外婆的年代，秘书从来不觉得自己的工作可以称得上"事业"，但她们确实有实权——她们用装着复写纸的老式打字机敲出文书，通常这些文书都是她们自己起草，有时候甚至起草整个议案。一个思路清晰、讲话得体的秘书能在整个州议院赢得好评。所以没用多久，随着人类的本能惰性，这些立法机构的男人开始依赖女人。于是，站在（也许不那么出色的）男人背后的（也许是最出色的）女人，给了奥尔巴尼民主党机制很多隐性自由。党魁¹²可以把一个"空有一副好皮囊，腹中原来是草莽"的退伍老兵也列入候选人名单吗？不是不可能——只要他有个好秘书！当立法机关的男人们意识到了女人在撰写文书、润滑人际关系，而且在同时处理多项杂事方面表现出压倒性优势的时候，我外婆已经成了纽约州议院秘书室的领导，负责审核、招募那些有能力的天才秘书。所以，当一个新的州议员大驾光临，比如从长岛¹³、布法罗¹⁴或纽约市赶来进行为期三个月的议院会议，我外婆就能熟练地为他配备一个完美秘书——集合文书写作专家、公关问题专家等多项工种于一身的完美秘书。不久之后，我外婆发现她自己竟然不知不觉地走进了这个城市政治交易的核心——她帮忙组织竞选活动、帮忙拉票，对州政府的很多部门都关系重大。外婆成了州议员的"抢手货"，经常是两三个地方都同时召唤她现身。而我外婆呢，一个本来就喜欢成为人群的重心，又有一颗超大号幽默感的心脏，也对这份挑战乐此不疲。她把那双原本在家里的地下室穿的旱冰鞋带到了办公室，穿着旱冰鞋上上下下地滑过议院大理石地面的宏伟大厅，为报纸的娱乐版面提供了宝贵素材。

直到外婆去世的那天，她才放下了她的政治活动。她的导师玛丽·马尔西，是奥尔巴尼女性民主俱乐部[15]的创始人，一直和外婆亲密战斗，共同转变了奥尔巴尼的选举方式。随着时间的推移，外婆渐渐接手了这个俱乐部，那些和外婆并肩作战的女性朋友们，都称她们自己为"波莉的女孩们"（这是受到一个美国国产 T 恤衫品牌的影响，其中一件的标语就印着"我是波莉的一个女孩"）。外婆她们做了很多基层活动——组织公路竞赛、请愿活动、筹集资金、挨家挨户地发传单。当前纽约州州长马里奥·科莫[16]在 1982 年刚刚竞选成功时，他亲自邀请外婆去主持妇女运动。这场运动成了当年轰动一时的政治暴风雪，500 名女性以不同方式投身其中，而她们的组织者和带头人正是我的外婆。外婆带领着他们，展现了奥尔巴尼女性的力量、影响政治议程的能力，以及女性参政议政的重要性。

我外婆是个总能把日子过得特刺激的女人，平时活得很乐呵，一工作起来就是拼命三娘。记得有一年的八月，选举季刚刚开始，我到"波莉的女孩们"在奥尔巴尼的政运总部"打酱油"。那时候我也就刚刚八岁，印象中，我和十到十五个阿姨一起坐在长桌旁，她们穿着无袖衬衫和宽松直筒裙。看着她们飞快娴熟地折叠传单，在一个个信封上密密麻麻地填写地址、封口、贴邮票、装箱……我被这些阿姨们在长桌前飞舞的上臂迷住了。

我的外公彼得是个安静、温和、有思想的男人——在这一点上，和我外婆那风风火火、热闹集群的性格形成了完美互补和阴阳调和 [17]。似乎是命中注定,这种类似的阴阳调和在我的婚姻以及我两个儿子的身上也得到了体现。我外婆天天热热闹闹地搞政治活动,我外公则安安静静地在一个生产货车车厢的工厂上班,然后又转到当地一个新建的水泥厂上班,退休时,外公得到了一块代表荣誉的金表。外公对雇主忠心耿耿,充满了感激。每年感恩节的时候,整个家宴都是外公亲手做的(馅饼除外,因为做感恩节馅饼是我妈的专利)。我哥继承了他的大厨基因,现在我哥是家里的顶级大厨。此外,外公还是个能弹一手漂亮钢琴的男人,我小时候就是外公教我弹的琴,在外公家上钢琴课。我很开心地成为孙辈人之中,唯一一个继承了外公这点音乐细胞的人。外公喜欢垂钓和打猎,喜欢丛林的安静,我妈在这一点上特像他。直到今天,我妈也喜欢早晨四点钟出发徒步到沼泽,就为了等那些野鸭子清晨准备起飞。有一次,我妈和朋友们去纽芬兰打猎,她竟然用麻醉枪打中了一只驼鹿!我妈利索地把驼鹿带回家,在家里车库中把它解决掉了。

每逢礼拜日,我外公都会早晨九点钟准时去做礼拜,每天晚上,他一定会跪在床边祷告。有一段时间,我外婆因为控制出生人口的问题,和教会发生了一点摩擦(为什么女性不能自主决定什么时候要小孩呢),但这并不影响她热爱天主教社区,热爱社区里的人们。 在 20 世纪 50 年代初期,我妈、我的几个舅舅和小姨,一起在学校里由圣约瑟夫的修女们教导。修女们的日子过得异常清苦——当我的外公外婆发现她们连一张像样的集会用的长桌都没有的时候,外公和外婆亲自为她们做了一张大长桌,用砂纸把木头打磨得锃亮。我外婆经常特别同情那些修女,她们在大夏天也只能穿着厚重的羊毛衣服，而且女修道院里没有空调设备。于是在夏天的时候，每逢周四，我外公外婆就会让出他们的房子和院子里的游泳池，给这些修女们使用。我外公还会备好饭菜、苏打水、啤酒，而我外婆则会放好香烟和烟灰缸——"随她们的方便"。然后外公外婆会离开，同时用锯木架堵住门口，这样就不会有朋友或送货员不小心闯入修女们的私人空间。没过多久，这小道消息就在其他的女修道院传开了，更多的圣约瑟夫修女们开始享受"努男家的游泳池"。这就是我外婆，她一直贴心地周到待人。

外婆还把那些未婚先孕的可怜姑娘们接到家里，从不向外人走漏任何风声——甚至连我妈、我的舅舅和小姨们都被蒙在鼓里，放学回家撞见一个陌生的大肚子孕妇坐在沙发上，吓了一跳。有一个名叫杨格的教父，我外婆特别喜欢他。杨格教父在奥尔巴尼南部做一个康复项目，专门帮那些曾经吸过毒、有过犯罪前科的人们重新走入社会，在酒店或餐厅的厨房找个差事做。有一天早晨，算是为了帮杨格教父一个忙，我外婆开车到了马希尔山上的一座监狱，带回来一个刚刚刑满释放的年轻人。事后，有人告诉外婆，她带回来的这人，曾经可是作为杀人犯入狱的。但外婆一点都没害怕，说道："我觉得他就是个可爱的大男孩啊！"

就像她热爱政治一样，外婆还有一个最大的乐趣，就是做我们的外婆。每周五她都会一整天待在家里陪我们玩儿，一直到我们逐一到了上小学的年龄。在我童年的印象中，每次我肚子疼的时候，外婆就会坐在我床边，轻轻地帮我按揉小肚皮，一直到哄我睡着为止。她喜欢带着我们走很长的路散步，或者在她的小池塘里划独木舟，外婆总是能抓到好多鱼。她还会带着我们到园子里摘水果，然后用摘下的水果做果酱或水果派给我们吃。当我们长大到了一定年龄，外婆就把我们"临时征用"，塞进那些明显号码偏大的 T 恤衫，跟随着那些贴满了标语的游行汽车。

外婆是个无论做什么都一根筋走到底的女人——这也是她的自我评价！为了帮杨格教父的忙，外婆主动去做戒毒顾问；有一次外婆陷入"推搡了记者"的丑闻，但她拒不道歉，"我不喜欢她的态度。而且我只是轻轻推了她一小下"，外婆如此据理力争；虽然身高不到一米五三，但外婆爱蹬着梯子画画——不是画风景画，也不是画肖像，外婆的画布就是她家房子。据家里人说，外婆还养过一只名叫塔莎的宠物狼——传说这宝贝狼的血统，正是当年前苏联领导人赫鲁晓夫送给约翰·F·肯尼迪[18]的那条宠物狼的后裔（后来有人辟谣说这是以讹传讹，赫鲁晓夫送给肯尼迪的是条混血狗，这条狗的生母是第一批被送入外太空的实验狗之一）。外婆除了自己做起司蛋糕之外，从不下厨，但她的起司蛋糕绝对是全奥尔巴尼最好吃的。老太太奉行"秘方不外传"，但你要是问她怎么做的，她还是会美美地做好一个起司蛋糕送到你门口。

外婆还有一个不同寻常之处，非常值得一提，那就是她和奥尔巴尼连任过很多年的前市长——伊拉斯塔拉斯·康宁的关系。我们家人对此总是讳莫如深。以前我也没觉得有什么蹊跷之处，直至我长大成人，才发现这段往事另有玄机。他俩相识的时候，我外婆 22 岁，康宁 28 岁。那时候的康宁还是一名州议员，主要负责哈德逊河[19]风景区委员会的工作，而我外婆则是委员会秘书。从此，他们终其一生都是彼此重要的伙伴。他们一起参加派对，一起跳舞，一起参加战略会议。康宁那时候已经是有妇之夫了，外婆和他一起作为代表参加民主党全国代表大会[20]，渐渐周围就有了流言蜚语，外婆的几个孩子，包括我妈在内都恨过他俩，但是外婆依然一副"走自己的路，让别人说去吧"的生活态度。事实上，康宁和我们家的真实关系远比我知道的复杂——也许他确实爱上过外婆，但他也爱外婆的一家。大部分晚上，康宁都在我外婆家的客厅，往躺椅上一坐，和我外公一起喝苏格兰威士忌。大部分早上，他都开车经过我外婆家来接她上班，顺便捎外婆的几个弟妹去学校。到了周六，康宁中午忙完工作，就去接我外婆和她的弟妹们一起钓鱼。冬天来了，有时康宁和外公会约上几个好友去缅因州的冰上钓鱼，几个人就挤在一个没水没电的小棚屋里过夜。康宁在缅因州有片营地，每到夏天，只要康宁不在营地的时候，我外婆的家族成员也会过去宿营。

从我的角度来看，市长康宁已经是我们家的成员之一。我们家的每个生日聚会，他必定到场，并且每次都给我们带来让人意想不到的惊喜礼物。有一次我过生日，他送我的礼物是一台微型显微镜，我简直爱死了——终于不是什么镶着花边的娃娃之类的小女生礼物，而是一个非常严肃的物件——这似乎意味着，他觉得我很聪明、很有能力，以后可以做个医生或科学家。从没有人给过我这样的礼物，他似乎是早就了解了我的心思，第二年，他又送了我一块琥珀，能看到里边关着一只昆虫。我只记得自己去过一次他家，那年我大概十岁。在这之前，我早有耳闻康宁的太太在用玻璃暖房养花，养出的花真是一绝。但闻名不如见面，我在他家真正看到的只有一棵棵急需摘桃的桃树。我们并没有久留在他家帮忙摘桃，但我记得当时自己特别主动请缨，想做康宁家摘桃的志愿者。

　　我妈不仅继承了我外婆"波莉"的绰号，也继承了外婆活出自我的个性。几十年后，我妈又把这一优良传统遗传给了我。我妈当年生我哥哥的时候，并没预先"谋划"要在充斥着分娩阵痛的产科病房里写完司法考试的答卷，只是一切恰巧赶在一起了，然后我妈就"兵来将挡水来土掩"而已。我妈早恋，还是十三岁小萝莉的时候，就爱上了一个叫道格·鲁特尼克的大哥哥，这个大哥哥爱打架、长得帅，家住在奥尔巴尼的郊区，是当地最好的运动员，后来这个"大哥哥"就成了我爸。"这个臭小子，进门连个招呼都不打……"外婆说，当年我爸来外婆家做客的时候，进门就直直地拉开冰箱门，然后把冰箱里的橙汁喝个精光。但我外婆很喜欢他，"这个臭小子像个爷们，有魅力，长得也好"。当然了，我爸当年还有一个本事，就是只要是他玩过的运动项目，都能玩得特漂亮。

　　事实上，如果要收了我妈这样一个女人，真的对一个男人来讲，需要莫大的理解、欣赏和男人的自信。我妈在高中的时候就开始办校报，上了大学之后，我妈想做体育记者，报道体育新闻。但当她给报刊的曲棍球版面投简历时，无情被拒——在 20 世纪 50 年代晚期至 60 年代初期的美国，女人在公共场合是不能穿裤子的（只能穿裙子）。而体育记者是需要东跑西颠的，你怎么想象一个女人穿着裙子跨过体育场的围栏、迈过观众席的长凳，然后给大家做现场报道？只有"不自重、不正经"的女人才会如此。但我妈不管这套。结果事情经过我妈这么一搅和，上了《波士顿环球报》[21]的封面故事。

我爸妈结婚的时候，我妈只是简单地挽了一个西班牙式的发髻，手里捧着一枝栀子花。她的这身打扮轻而易举地成了奥尔巴尼最异域风情的新娘。在他俩洞房花烛夜的九个月零十八天之后，我哥准时出生。那年是 1965 年，我爸妈拿一个烤牛肉三明治，就算给我哥庆生了——因为他俩压根觉得生娃又不是啥大事，一个三明治就够了。倒是当时圣伊丽莎白医院的大夫们乌拉一大堆都围过来看我妈生娃——在当时，自然分娩又顺产的情况在医院真算是稀有案例。

我出生之后，我妈就开始想法子兼顾孩子和法律实务的事。她和一个叫卡萝·巴特莱的朋友达成了"互相做临时保姆"的协定。卡萝阿姨有两个小孩，一个叫凯瑟琳，一个叫伊莱恩。每逢周一和周三，我妈照看两家的孩子，每逢周二和周四，就轮到卡萝阿姨照顾我们。到了周五，外婆帮忙带我们一天。我妈当年并没听过周围有谁这么做过，她也无心去做妇女弹性工作制的开拓者，只是车到山前必有路，尽力而已。我妈周全地兼顾了工作和家庭，而我，至今也觉得除此之外没有更好的办法。

我的性子比我妈还要更直一点。我小时候就是个"大马屁精"，满满正能量的勤劳有爱好少年。放学回家第一件事一定是做功课，笔迹工工整整一丝不苟，之后把房间收拾得干干净净。我经常向大人打"小报告"，泄露我哥、我几个表哥他们几个男孩子的小秘密。也不怨我，谁让他们都不带我玩呢！当然，也是因为他们玩的东西都"太刺激"了——做土豆手枪、抓青蛙、吃炮灰……我还是喜欢有点意思的游戏，比如组织俱乐部。我的第一个俱乐部，是和卡萝阿姨家的小姑娘们一起组建的，起名叫"蟋蟀"。我扮演秘书，然后工工整整地做活动记录，现在还留着：

1975 年 11 月 14 日

今天我们去了巴特莱家。艾琳开始哭，伊莱恩一直在嚷嚷……早晨下雪了，光线很暗，所以我们没法去城堡开会了。我们的国库里现在有 1 美元。

哈哈，管理啊！

我的第二个俱乐部要更大一点。我们已经有了一定的规章制度，每周的会费为 10 美分。

俱乐部章程

条款 I：命名

本俱乐部命名为美国足尖上的标记 * 俱乐部。

条款 II：目的

本俱乐部的举办目的为社交娱乐。

条款 III：会员

俱乐部会员应拥护和遵守条款，本着全票通过的法则，正式授予艾莉森（卡拉）·柯林斯为会员代表。

会费用途：

周年纪念日（为俱乐部所有会员购买冰激凌）

会员生日（仅为过生日的会员购买冰激凌）

活动

购置俱乐部装饰

预防蛀牙的专用糖果

足尖上的标记＊支持世界上一切伟大的事物。

我们组织"女童子军"，组织"布朗尼糕饼"的游戏活动，每个姑娘都要尽可能地多赚徽章、多卖出去自己的糕饼。我来劲儿了，不仅仅只是向自己家人和爸妈的熟人朋友们推销，还在商业街的路边支了张桌子，同时还挨家挨户地上门推销。

面对压力和竞争的时候，我的调节方式就是运动和钢琴。我最早学习辩论，完全是出于家里的鸡毛蒜皮小事。比如我会和我爸一本正经地辩论"今晚是否可以去萨拉托加[22]听音乐会"的议题，或者讨论一下我的第一辆汽车——那辆蓝白相间的 AMC Pacer[23] 真是太丑了！车型简直像一个倒扣的大浴缸，开着它去上学感觉"整个人都不好了"！当然，我从小就是一个绝不轻易让步的"小麻烦精"，如果这件事没有辩赢，我绝不善罢甘休，一定重新整理逻辑框架、重整旗鼓，直到辩赢为止。

作为辩论的回应，我爸给我起了俩外号："雾喇叭小姐"和"多嘴小姐"。一来二去，我爸也就非常雅致地取了个简称，直接叫我"嘴小姐"。这些生活中的小经历，确实锻炼了我的"厚脸皮"。长大之后，我不会楚楚可怜地任凭别人言语攻击。当然有人也提出了疑虑：在漫画中，政客总被画成一个个卑鄙下流的形象，你怎么看？——但这更给了我动力：有一天我要跻身政坛，而且要做点什么。

"嘴小姐"三个字真是简明扼要地概括了我和我爸的关系——我在他面前真是话太多、太吵人了。我妈甚至曾经带我去做过听力检查——她怀疑我天天这么高分贝说话，是不是因为耳朵的毛病（听力较差的人自身说话声音会较大）？但这也不仅仅是我一个人的分贝啊……我跟我爸辩论起来，经常我要打手势才能说明我的观点，可每次的收场，往往是我自己碰翻了自己的牛奶。总之，无论我做什么，弹钢琴也好、打网球也好、在女童子军游戏中卖布朗尼蛋糕也好，我都要去赢"五星好评"。（我只在为数不多的几个小领域不那么争强好胜。我忘了是在 8 岁还是 10 岁的时候，我就在校报上写，"我有时确实蛮专横的，我也不想这样，但是'金无足赤，人无完人'（上帝除外）嘛。我还欺负我妹，嗯，但我觉得这很正常。"）

由于我妈的影响，我很小的时候在家就有了一定自主权，比如我可以自由选课程和学校。在要上高中的时候，我妈给了我两个选择：奥尔巴尼高中 [24] 或者爱玛威拉德中学 [25]。前者是奥尔巴尼最大的公立中学，AP 课程 [26] 特别牛，而且地理位置也好，就在奥尔巴尼市中心；后者是女子中学，有着来自世界各地的留学生，学校在特洛伊 [27] 的北部，离我家有 15 英里 [28]。现在想起来，能上爱玛威拉德中学真是一项不可多得的殊荣。但当时，我选择爱玛威拉德的原因，不过是家里几个朋友在餐桌上闲聊，跟我说"你要选一个能接受最好教育的学校，而不是帅哥最多的学校"。我妈非常使劲地跟我说，全女子中学有多少好处，那里的师资力量有多好，从那里毕业之后我将成为一个如何优秀的国际化年轻女性……同时告诉我，如果我错过了这个珍贵的机会，将会是多大的浪费……

我就这样"自主选择"去了爱玛威拉德中学读书。在这里，我认识了来自南美、沙特阿拉伯、韩国等世界各地的女同学，同时，借助交换生制度和每年开春学校郊游的机会，我又周游了西班牙、法国、俄罗斯和北美各地。这些经历都是非常宝贵的财富。至于男生们，一想起这事就无限郁闷。如果有派对可以允许男生到场，我早就策划了——我甚至在学校连舞蹈都策划好了——可事实上，整个高中阶段，我连一个男朋友都没交过，顶多是穿穿晚礼服。到了周末，我会开车载着一帮朋友来家里做客，两个，三个或者一下子四个，无论多少我妈都欢迎，只要她知道我们在房间里做什么，让她放心就行。我们把组合沙发推到一起，窝在沙发里看希区柯克[29]或格蕾丝·凯丽[30]的电影，崇拜那个年代大胆的女演员，比如《彗星美人》[31]里边的贝蒂·戴维斯[32]和《亚当的肋骨》[33]里边的凯瑟琳·赫本[34]。

到了 15 岁，我们几个姑娘办了很多假身份证，方便去酒吧[35]，但是我们从不喝酒。我们超级喜欢尾随我哥还有他们几个朋友去一家名叫"百灵鸟"的酒吧。我们几个姑娘当中,有一半都开始对男生犯花痴。但说实话，百灵鸟酒吧里发生的一切，远没有六十年代美国电影里的桥段浪漫。

在很大程度上，我童年时期最铁的感情还是跟我妹艾琳。当然，我们姐妹俩也会有冲突。印象最深的一次是我 14 岁那年，艾琳 12 岁。艾琳不知道怎么染上了一个口头禅，动不动就跟我说"我讨厌你"！而她的这句无心之语，给我造成的心理伤害远远超乎了她的想象。于是，14岁的我和 12 岁的她有了我俩迄今为止最严肃的一次对话。在一通涕泪横流之后，艾琳跟我道歉，说她真没想到这句"我讨厌你"会对我的伤害这么大，她只是发现身边有的朋友老这么跟自己姐姐说话，艾琳就学会了。而我非常严肃地告诉艾琳，我不希望我俩的关系再出现"我讨厌你"，作为一个娘胎里的亲姐妹，我希望和她是最好的朋友——能互为诤友，互为闺蜜，互为最温暖的依靠。艾琳听进去了我说的话，姐妹俩重归于好。现在，艾琳依然是我可以倾吐全部心声的至信，无论任何状况都会力挺我的至亲。感谢有你，艾琳，你是我一生中不散的宴席。

与此同时，我妈依然追求着她的"自我实现"。多年来，除了打网球、打高尔夫，她还打猎、练举重。在阿诺德·施瓦辛格[36]还仅仅是个职业健身教练的时候，我妈就在她经常去的举重馆见过他，还和他聊过天。她当年已经是大家能想象的女汉子。后来有一天，她在斯图本健身俱乐部看到了一个空手道培训班的牌子，恰好这个斯图本俱乐部就离她办公室不远。我妈报了名，然后接下来的十年，我妈都坚持着地道的空手道训练，还定期去拜访住在纽约的日本空手道老师。我妈很开心接触空手道这项运动，因为它在练习外在力量的同时，更关注内在力量。但是一回家，我妈就把她那身白色的空手道训练服一脱，换上家居服给我还有我的小伙伴们烤点心吃。趁着把盘子放进洗碗机的时间，她还会打电话谈论她今天进行的议案工作。这就是她的一贯原则——做事麻利，一心三用，对工作和生活热情饱满，两不耽误。还有一点要透露的是，其实我家拉到厨房的电话线已经够长了，但我家的电话线还是要一年重修好几次，因为我这位娘亲还是会经常把它们从墙里拽出来。

后来我妈跟我说，她给我的小伙伴们烤点心吃，有这么几层考虑：第一，有朋自远方来不亦乐乎，她当然要款待好这些来我家做客的小伙伴们；第二，也是更重要的一点，我妈是在身体力行地告诉我，作为一个女性，你是可以同时做好一个称职的律师、一个空手道黑带、一个温柔贤惠的母亲。这就是她一直所坚持的，而且她想跟小姑娘们说，你们也可以做到。也正是基于我妈这种潜移默化的影响，加之我的六个闺蜜团中，竟然有五个都做了律师，我对日后选择了律师这个职业，真的是太顺其自然的事情。在我妈的那个年代，作为母亲，我妈是为数不多的工作女性。我至今都特感谢我妈，给我树立了一个特别难得的榜样。她给我们足够的自由，但是又无微不至；她给我们足够的信任，但是又能融入我们的圈子。这么多年来，她一直把人生活出自我的精彩，同时从不觉得家庭、孩子和工作是水火不容的矛盾。

而我爸呢，他是我所有英式足球赛和棒球赛的铁杆粉丝，逢场必到，特别喜欢看我在竞赛中的样子。也不知是有意还是无意，他确实成了我语言修辞学[37]的魔鬼教练。在晚饭的餐桌旁，我就会非常仔细地听他的立论，从中找出双方论点的共同基础，然后引出我的论点。我和我爸的这些餐桌前"嚷嚷"，对日后学会如何与男性同僚们讨论议题，产生了巨大帮助——从我爸身上，我知道了如何去对付那些已经丧失有效沟通状态、根本听不进去对方讲话的男人，如何从他们的神态中读懂他们的真实情绪。（当男人们开始显得躁动不安、心烦意乱的时候，他们的回答往往变成了简短的单音节词汇，这时候他们被你说服。）每当我爸开始出现这样的情况，我就会跟他说："我们一会儿再讨论这个观点好吗？"这招我一直沿用到至今的工作上，非常奏效。

　　我一直觉得我妈和我外婆是两个特有智慧的女人，她们真是早就参透了的过来人。她们跟我说，生活本身是复杂的，你的工作、你的家庭、你对社区的贡献、对物质生活的信仰——这些尽自己的心就好，不要和其他的女人比。因为我们都知道，一旦你陷入这种比较，就再无幸福感可言。有些时候，我晚上下了班就赶在 7 点前飞奔进家门，一个儿子闹着说有作业有题目不会做，一个儿子闹着要玩"植物大战僵尸"[38]。而我此时刚刚从和那些政客、议院同僚们的现实版"植物大战僵尸"中解脱出来，一身疲惫地想，我怎么给自己选了这么个疯狂生活？我开始向我妈和我外婆取经。两个老太太哈哈一笑，我知道她们从不退缩。她们只是亲了一下两个小家伙，哄他们去睡觉，然后接着打起精神为明天奋斗——就像当初她们年轻时候一样。

第 2 章

两点之间，曲线最短

阿姬告诉了我人生中非常重要的一个道理（在此我也希望和各位朋友分享）：不要害怕失败。失败是有益的，是必要的。能赢固然是好，但如果你退出才是真正输了。

在我们觉得最艰难、最山穷水尽的时候，往往能够迸发出最惊人的潜能和智慧。不怕输，这一点成了我之后非常重要的信条。

我一直相信，好运是自己创造的——或者说，好运就是你把自己放在了尽可能最好的位置、充分利用你周围的一切。如果天上要掉金币，你首先要做好准备，才能被金币砸中。

我真正在乎的是，一个伴侣要钟情、要善良。这样的男人一定会让我很开心，同时让我继续成长。

如果你也像我一样，读这种人物自传的目的，是为了去看看作者的人生，看看他们是如何实现自己想要的人生，然后想想能否收获一些启发，合上书之后实现自己想要的生活。我的床头柜上就摆着一堆女性领导人的传记，我也一直在问自己一个问题："她是如何做到的？"都说书中自有颜如玉，可这些"颜如玉"们并没有告诉我一个满意的答案。于是经常合上这些"颜如玉"，自己在床上生闷气。我希望能有本书告诉我从 A 到 B 的最短平快的方法，但我一直没找到。所以我的这本书，你也可以就把它当成一个古怪而真实的故事——我如何一步步成长、如何一步步实现了我想要的人生。在漫漫长路中，也许会对你的人生有些许启迪，此心足矣。而我的故事，要从一个非常可怕的女人讲起——我在达特茅斯学院的壁球教练，阿姬·库尔兹。

我刚上大学的时候，在网球队只属于初级水平。教练在战术训练上特别专业，我的正手击球和双打水平在他的指导下大有长进。如果我没有遇到阿姬，我现在可能还只是在自己擅长的网球领域当业余选手。阿姬是那种所有年轻运动员都梦想拥有的教练——她鼓励你、信任你，一眼就看到你的问题所在，而且不知不觉地就把你塑造成你希望成为的样子。

因为高中就学过打壁球的同学不多，在达特茅斯学院，阿姬就从原本在陆上曲棍球队、网球队、长曲棍球队、足球队的同学们当中，挑了一部分比较能吃苦、讲团队精神、身体条件也比较好的同学，组建了学校的壁球队。在当时阿姬组建的壁球队，除了有一两个同学已经把壁球打得非常出色，我们其他人都是零基础的菜鸟，连壁球拍怎么用、甚至壁球场在哪儿都不知道。但是阿姬，这个总是穿着一身运动服、留着清爽的短发、有着一双漂亮的蓝眼睛的女人，手把手地领我们进入了壁球的神秘世界。她教我们壁球最重要的基础：接球的时候尽量把身体重心放低、击球力度要狠、扣球由高向低、削球速度要快，决不能像网球那样发从低到高的上旋球。

在壁球比赛中，双方各有 9 名队员上场参加比赛，通常来讲，本队技术最好的球员对峙对方技术最好的球员，本队技术次好的球员对峙对方技术次好的球员，以此类推。一般在上场顺序中，我都是排在第四或第五的位置，但是有一次在对阵耶鲁的比赛中，阿姬找到我，想让我上第二的位置。我当时就隐隐感到，这回大事不妙。

我们驱车到了康涅狄格州¹的纽黑文市。在 20 世纪 80 年代中期，纽黑文的治安还不是太好。对我这么个一直在奥尔巴尼长大，又一直在私立女校读书的姑娘来说，还真有点怕怕的。但这次我在队里打先锋，只能暗自安慰自己没关系，只是一场比赛而言。我的室友里贾纳，还有另外的一个朋友特意开车赶过来给我加油。一路上，阿姬一直安慰我没事，就当是一次提升自己的机会。我平日里是一个克制力很强的人，但是这回，患得患失的心态彻底影响了我。

耶鲁大学的佩恩·惠特尼体育馆[2] 开阔的场地和略显清凉的空气，并没有让我紧张的神经舒缓下来。在更衣室，我换上了自己的一条绿色网球裙、套上一件白色网球衫，把头发梳成马尾，再用一条白色防汗额带固定住（啊，八十年代的打扮），信步走进了四号赛场。

上场后的头一个回合，我的自信就像被坦克压过一样碎成渣了，然后就一蹶不振。我和对手的实力相距太悬殊——你可以脑补一下自己和塞雷娜·威廉姆斯[3] 同场竞技网球的画面，就是类似那种感觉。而我的对手身型比我壮，速度比我快，情况对我非常不利。她的直线球和发球水平完全把我盖了。到后来我完全招架不住，每个点位都直接被她牵着鼻子走。我开始怀疑，我真的会打壁球吗？！我根本接不住球，击球的精准度一落千丈，在每个点位的防守都撑不住 30 秒就败下阵来。

当第一局结束后，我的情绪基本已经处于崩溃边缘，自信心完全丧失。我走到休息处喝水，看到阿姬的一刹那，哇地一下哭了出来。

"这比赛……我不打了，我根本不是……那姑娘的对手……"我哭得上气不接下气，差一点就决定弃赛了。

阿姬只是对我笑。"你能行的，宝贝，"阿姬说，"你能打这场比赛。在每个点位，你只要做最好的自己，这就够了。排空杂念，把注意力放在每个球本身上来。"我点点头。阿姬接着说："我需要你做的唯一一件事，就是做最好的自己，其他的一切都不用去想。你能试试吗？"

我觉得自己快跟地板融为一体了，点点头说："好"。

我重新走上赛场，继续下一局比赛。我不再患得患失，开始把思想和身体的注意力重新回到每个球上。我不能说自己打得很好，但我尽力到最后一刻。那一刹那我恍然大悟，阿姬根本就没指望我赢！我不能说我很享受这次比赛，但我的收获远比赢了这场球要大得多——我在近距离面对一个远比我强大的对手，在赛场的众目睽睽之下，我将自己的缺陷暴露无遗。自此之后，我再没有打过第二的位置，但它让我记忆终身。阿姬告诉了我人生中非常重要的一个道理（在此我也希望和各位朋友分享）：不要害怕失败。失败是有益的，是必要的。能赢固然是好，但如果你退出才是真正输了。

醉翁之意不在酒，阿姬之意不在球。

在之后的议院工作中，我自己都诧异，自己竟有那么多次回想起这次比赛。我的同僚经常跟我说："这个议案我们没法取得通过，获胜的几率基本为零。"我会想起阿姬，在我们觉得最艰难、最山穷水尽的时候，往往能够迸发出最惊人的潜能和智慧。虽然结局我们不一定能转败为胜，但你了解了你的对手。你知道了自己的不足，知道了如何在接下来进行弥补。不怕输，这一点成了我之后非常重要的信条，贯穿我的政治生涯：从我的第一次竞选，到"不问不说"政策废止令[4]，再到9·11事件的医疗议案、反击国防部关于军队性侵事件处理态度……

后来我去了UCLA[5]法学院读书——理由很简单，我想跟我当时的初恋男友在一起，那时候我觉得我以后会嫁给他。他本想回自己的家乡南加州做实习医生，结果造化弄人，当我收到UCLA的录取通知书后，他却阴差阳错地去了芝加哥。一年后，我俩分手。毕业之后，我告别了能够遮风挡雨的象牙塔，来到纽约成为了一名律师，正式卷入社会的血雨腥风。一栋外表看起来像一只大白鞋的大楼——美国达维律师事务所[6]，这就是我的上班地点了。我当时的目标非常明确：作为律界新人，希望得到公正待遇，寻找事业搭档，有朝一日能被委以重用。——但是事后证明，我当时并不知道怎么去具体操作实现这一切。

我一直相信，好运是自己创造的——或者说，好运就是你把自己放在了尽可能最好的位置、充分利用你周围的一切。如果天上要掉金币，你首先要做好准备，才能被金币砸中。如果你想在律所或其他很多领域交到好运（在律所交到好运，通常意味着你找到了一个好搭档），你不仅仅需要一个指导者，还需要找到一个支持者。经济学家兼性别政治学家西尔维亚·安·休伊特曾有一句名言，"指导者提供建议，支持者提供行动；指导者无偿给予，支持者友情投资[7]"。比如，阿姬就是一个指导者。她对我无微不至，指出我的优势与不足，帮我塑造了一个最好的自己，无偿给予，不求回报。然而在另一方面，支持者——他们对你友情投资，但是只要是投资当然就期待有回报。

可惜我在达维律师事务所上班的时候，并不明白这个道理，也因此错过了一些机会。

这并不代表我工作不努力。亲，我真的非常努力了。我不在意加班加点，不在意牺牲了多少个周末和假期。（我甚至牺牲了和我未来丈夫第一次见面的机会。当时一个朋友请我去参加一个半正式的晚间派对，但我当时一星期七天连轴转，实在是抽不出周六晚上的时间。）没男人，没职位，这就是我当时的状态。每晚加班到九点甚至凌晨，没朋友聚会，一到家直接倒头就睡。

我把所有的精力都集中在办公室——我极端在意我的言行举止、我的工作、我给别人留下的印象。我想让大家知道我是一个优秀的律师，而不仅仅是一个优秀的"女律师"。所以，那时候我只穿平底鞋或两厘米的低跟鞋，工作装一律是清一色的黑、灰、深蓝或棕色。（那时我的最大尺度也就是穿个红色夹克衫，配一件白色衬衫打底，下身套一件深蓝色短裙，脚上踩着一双单鞋。我有一件艳粉色配着珍珠扣的小套装，不过那只有我在参加别人婚礼的时候才用得上。）通过观察律所里边那些比我稍大一些的女同事，我发现高跟鞋、能显出曼妙曲线的紧身裙……这些女性特质过强的东西，在律所并不受到尊重。有个比我早来几年的女律师，总打扮得花枝招展，不爱穿工服，结果是她在工作中一直没有搭档，也没有受到应有的尊重。同样的，如果一个男同事不够聪明，从头到脚穿一身布克兄弟[8]的行头来律师上班，他也一样找不到搭档。所以还好，我的中规中矩绝对安全。

我的这套计划起初很管用。工作搭档们都很喜欢我——谁不喜欢又能干、又愿意付出、又主动的搭档呢？他们知道我在达特茅斯打过网球，所以经常在他们网球双打"三缺一"的时候叫上我。于是，我在河畔俱乐部和另一个在中央车站的俱乐部都加入过他们的网球赛。律师们在网球赛里也是"蛮拼的"——有一个叫吉米·贝克汉德的诉讼律师，每场比赛开始之前都要小声默念一句："不择手段！"[9]（在他日后给我的首次竞选送来资金援助的时候，就把这句"不择手段"写在了附送的卡片上。我就把这张卡片钉在了我们的布告牌上，直到我们赢了才摘下来。）

我很喜欢这些同事间的网球赛，大概有两年的时间，我每隔几周就要和他们掺和一次，也很自然地和这些同事们都混熟了。但同时也给我带来了新的不安——我是不是给人留下的印象就是一个活泼爱玩的运动型姑娘，而不是律师应有的严肃和睿智形象？我自己没了主意，周围也没有什么人可问。我在律所确实有几个女性前辈可以充当"指导者"角色，但是她们的建议仅仅是泛泛地停留在办公室政治的重要性，或者不要害怕那些头疼的案子之类。

一年半之后，我觉得打网球会对我日后的长期发展造成不良影响，于是我婉转地跟我的搭档们说，我开始专攻壁球，不打网球了。现在想想，我这步棋其实是下错了——这些网球赛是让我的老板了解我的大好机会，能让他了解到我性格中顽强、无所畏惧的一面，这些都是能在律所中能扛大事的必要品质。或者我的搭档中要是谁注意到了我的这些品质，没准早就给我提供了支持，或者把我拉进了他们的党羽。但就像太多25岁的年轻人一样，我并没意识到这些私人关系有多必要。那时候还是傻傻地相信只有自己优秀就可以足够强大，就可以孤军奋战获得成功。但现实总比这个复杂多了，是吧？

在达维律所，我还学到了另一个至关重要的人生道理。那是一次轮休的时候，我被派到奥尔巴尼法院的复审庭，给罗杰·米纳法官担任助理。当时一共有三个法官助理，一个负责开车，一个负责书记，还有我负责送汤，三人的工作都很闲。对我来讲，我只要每天给米纳法官买个午饭——一碗汤，然后送过去就行了。我很喜欢每天把汤送到他办公室的时候，顺便跟他聊几句，比如我对今天工作的观点之类。但某种角度来讲，我发现了在我们聊天中一个重要的问题——米纳法官叫我柯尔斯顿，而不是蒂娜——我很不喜欢，因为从我记事到那时为止，二十多年来，所有人都一直叫我蒂娜，没有人会叫我正式的大名柯尔斯顿。米纳法官行事风格非常正式，所以称呼我也用正式的大名。

我当时想，等我回到达维事务所，再改回蒂娜的称呼。但碰巧在我刚回到纽约的时候，我和我妹、我爸、我阿姨（我爸的女朋友），还有他们的一个法官朋友芭芭拉·琼斯，一起在一家意大利餐厅吃了个饭。（我爸妈在我上大学的时候就离婚了，这对我的打击非常大。因为从小到大，我都觉得他俩属于模范夫妻——不仅都从事法律工作，而且还有很多相同的兴趣爱好，一起打猎、打高尔夫、打理花园。在他俩分开的时候，其实我已经有了一个男朋友，但父母的婚变让我的情绪非常消极、失望，不知所措。在之后的很多年，我想起爸妈的婚变，还是一副"非黑即白"的态度——我妈都是对的，错误全在我爸。当时，我对婚姻一无所知，完全不知道一纸婚约的背后，隐含着多少"前路漫漫"。）

话说回来，我跟琼斯法官说了米纳法官的事儿，然后提出了我的困惑，我不知道我该接受怎样的称呼。

琼斯法官对此态度非常坚定，"你知道，你就应该被叫做柯尔斯顿啊！"她说。

我对这个回答有点小惊讶。

"'蒂娜'的称呼不够大气。你现在是在大纽约工作的律师，你不可能再回到'蒂娜'这么孩子气的称呼。你的大名其实更庄重大气，这个更好。"

柯尔斯顿？我怎么总感觉这名字的主人跟我没啥关系。不过我还是听从了琼斯法官的建议，因为既然要融入社会，无论如何，一个人的名字还是会直接影响到人们对你的印象和感觉。从那天起，我就开始在自我介绍时用柯尔斯顿这个名字。（但我还是想说，我是多么喜欢别人叫我"蒂娜"这个乳名。无论是多嘈杂的办公室，一声"蒂娜"变成了我心中的一个信号——一定是家人或者是关系非常亲密的老友。）

在达维律所的生活超级磨人——有将近五年的时间，我都是每天在无窗会议室里连续工作10-15个小时，评估卷宗，靠喝无糖百事可乐过日子。为了减压，我和一个叫凯西·贝尔德朋友约好，每天下了班就去狂跑。（我有两次跑完了纽约的马拉松。）有几年时间，我和我妹艾琳住一起。我妹跟我是个完美的互补。她是一个吊儿郎当不着调的艺术家，而我是一个一板一眼满脸正经的律师。她天天在小剧场做演员，而我每月付房租、买生活杂货，还外加我俩每周的低卡寿司晚餐。周末，我在一个项目做志愿者，帮助那些成绩在C（及格）和D（不及格）徘徊的公立学校学生，把他们带回家辅导功课，同时帮他们负担教区学校的学费。很多个周六，我都搭地铁穿过黑人区，然后去接一个叫梅丽莎的小姑娘。我们一起去看电影，或者到中心公园走走。梅丽莎的数学很棒，我鼓励她在数学上能够更深入一步、更上一层楼。高中毕业之后，梅丽莎考上了纽约大学，不久后却因为无力负担学费而被迫辍学。在辗转中，我失去了她的联系。直至今日，当我在为女学生能够负担得起的大学学费或自然科学、数学教育而争取时，我经常想到梅丽莎。比起当时的我，现在我更加注重给像梅丽莎这样的女学生创造机会。

而我自己的生活，表面上看似很有条理，实际上是一团乱麻。整整从 20 岁到 30 岁出头，我都在找一个适合我的白马王子。当然他不一定骑着白马过来，但至少要长得帅、有肌肉、聪明又有天赋、前途无量、努力上进……嗯，至少要满足这么几条吧。纠缠了四五年后发现，不是以失望告终，就是变成灾难片一样的结尾。约会见面的有些男人真的让我超伤自尊，让我觉得自己真是个不够聪明、不够有魅力，甚至连有趣都算不上的女人。好像我就是一个充满敌对情绪和控制欲的河东狮。情况不利，于是我开始寻找突破口，可事后证明，理想很丰满，现实太骨感。我开始为自己的终身大事着急了，周围的亲戚朋友也开始为我的事上心。

如何才能找到如意郎君这件事，成了我的首块心病。然而让我略感惊讶的是，信仰竟然帮我解除了重围，我加入了一个女性的圣经学习班，每周一次课。有了精神寄托，我开始反思自己在迷途中走了多远。我真正在乎的是，一个伴侣要钟情、要善良。这样的男人一定会让我很开心，同时让我继续成长。这也是我会遇到我现在丈夫乔丹森的原因——他很帅、有魅力，还特有想法、有雅量——我被他迷住了。

在我无意中取消了第一次见他的机会（就是上文中提到的那次十人半正式晚间派对，当时好几个人都是乔丹森的校友，他们一起在哥伦比亚商学院读书）之后，我们终于碰到了一次合适的约会。现在回忆起来，那天有点像史诗：一起吃早午餐，去逛巴诺书店[10]，之后一起去散步，去市中心取了一点东西（咳咳，很浪漫，你懂的），晚上又去了教堂的单身弥撒。吃过晚饭之后，这一天长达十小时的约会圆满结束。跟乔丹森初次见面的那天，我很开心，也觉得很舒服——他是那种很帅、很善良、有幽默感，很聪明又乐于助人的男人——全都是我喜欢的特质。他从不跟我说"你不是我喜欢的类型"，也从不含沙射影地说我读书不够多、跑步姿势不够优雅、体重需要再减 5 磅之类。有时候我也很奇怪，为什么那些平日工作中又聪明又能干又自信的女生们一谈起恋爱，就把两个人的关系搞得一塌糊涂。在这点上我深有体会，但是相信我，你真正需要的是一个好男人，而不是一个暖男、快男或是酷哥。

所以，在我忙着挑对象的那些年，每周日我都会去趟教堂。六年来，我一直去一所福音派教会[11]——对我这样一个天主教徒来讲，稍稍有点奇怪，但我很喜欢那位牧师。我给十岁以下孩子的读经班当老师，加入一些社会志愿者计划去帮助那些最需要帮助的人，比如"小姐妹计划"，就是帮助那些曾经卖过淫或者坐过牢的女性重新融入社会。我的第一次筹款的尝试就是在"小姐妹计划"，非常开心。我知道有些人总觉得筹款这件事很忽悠很可怕，我也从不指望所有人理解。可一旦你真正投身其中，你会上瘾——你发现那些钱并不是为了自己，而是为了给你特别相信的一件事创造一个机会。

让我人生真正发生了颠覆性改变，把我带入一个全新转折点的关键人物，是一个女人——一个穿着粉色套装，操着一口不同州口音的女人——希拉里·克林顿。在 1995 年 9 月 5 日，当时希拉里·克林顿还是第一夫人的身份，在北京第四届世界妇女大会上发表了演讲。当时我在律所的工作卖力却不走心，而在那天，希拉里告诉我们，"女权和人权是同一的"。这句话在我未来的十年中，至少每周叨念一遍以上。她的话简洁、有力、勇敢，每个字都直指内心。中国对我来讲有着很多的私人记忆。我大学专修过亚洲研究，而且在中国待了一整个学期。对九十年代中国的污染和贫困望而却步，但却被这方土地的文化和民族力量深深震撼。我甚至会说还算流利的汉语普通话。希拉里的发言重新唤醒了我内心沉睡的梦想——我需要转变人生方向，投身政界。那才是我真正想成为的样子、真正应该成为的样子。是时间去拥抱对我来说最重要的事情，去战胜恐惧，重拾少女时代的梦想。

我家族的政治势力都仅限于奥尔巴尼。所以我拜托了一位朋友，去拜访她的母亲南希·霍特。南希阿姨当时正活跃在全国政界，对我好得不能再好了。我给她打电话，她告诉我她正在运行纽约的女性领导力论坛。如果我想加入的话随时欢迎。而我需要做的仅仅是支持 1000 美元的费用。

当时我脑子里闪过的第一个念头是，"妈蛋，要这么多钱"！我想说我除了交房租之外，从没签过这么大数额的支票好吗？作为一个单身律师，确实，我挣的薪水比我的日常开支高多了，手边也算宽裕，但加入一个论坛需要这么多钱……嗯，心里总有点小志忑。不过这也是我准备投身纽约政界之前学到的重要一课。总之，钱还是交了。

我的外婆波莉跟我讲，当你开始打算玩政治，记住，你只做"需要做的"。比如你支持的一个候选人需要包一个塞得满满的信封，你就照做好了，如果他需要你准备个早餐，你就照着准备好了。当你认准了一个目标的时候，你就不会那么吹毛求疵，你只帮好你的忙就好了。在纽约，我很快发现候选人们最需要的帮助就是两字——筹钱。于是，我开始集中精力专攻这项挑战，并在当中乐此不疲——和小时候做女童子军卖糕点有所不同，这种可以实现有一个可测量目标的工作，一下子激发了我的竞争天性。

我在纽约刚开始涉足政界的时候，没有外婆那代"波莉的女孩们"那种穿着无袖衬衫办公的浪漫和传奇。但是我依然全心投入于此。女性领导力论坛是个非常不错的平台，由于它为民主党的总统提名候选人提供支持，在这里混久了的女性，基本上对纽约政坛里的人和事无所不知、无所不晓（至少当时在我看来是这样）。直至那时我才开始明白，为什么直接支持某个候选人会那么重要。在那之前，我长那么大从未说过，甚至从未对自己说过，"政治对我很重要"。在那之后，我的人生终于停止了飘来飘去，坚定了未来的方向，找到了我真正想走的路。我在众议院的工作并没有超过十年，但那确实是决定我人生方向的关键一步。

而那张 1000 美元支票给我带来的直接影响，就是我有机会在 1996 年听到前第一夫人希拉里在河畔俱乐部的讲演。我站在金碧辉煌的房间的最后一排，希拉里的一席话犹如醍醐灌顶，至今记忆犹新——"在华盛顿这座城市，每天都有各种决定在这里酝酿并形成。如果你不是决定的制造者之一，你就会讨厌他们为你做出的决定。那时候，你不能怨任何人，只能怨你自己。"

这些话一字一句地划在我的心上。涉足政坛的决定对我来讲就是一次冒险，因为这意味着我要放弃做律师的稳定收入和可能的大好前景。我也知道我不能一直做白帮忙的志愿者：我必须在政坛中给自己找到一个职位去做。于是我加入了我当时能加入的所有政治团体，拜访那些能对我有帮助的政界前辈。

如果你想在美国政坛得到重用，那你就必须能有所贡献——最好是和钱有关的贡献。但我很快发现，让一个人签下一张支票，掏出真金白银支持某个政治组织或候选人，可没有让他们支持"小姐妹计划"那么容易。对于初涉政坛的新人来讲，十个人之中有九个都是丈二和尚摸不到头脑。于是，我开始发动以前在达维律所的朋友过来支持我们的活动，而他们这些家伙还都很给面子。事实上，我相信他们之中很多人对政治其实并不感冒，过来只是为了给我捧个场罢了。

1999 年，希拉里·克林顿宣布开始竞选纽约州联邦参议员。我听了消息超级兴奋。这位一直给了我无限动力的女中豪杰，即将有机会成为我们的参议员。我很希望能在她的参选筹备办公室得到任职，但是没能如愿——我在当时的政界既没有四通八达的人脉关系，也没有足够多的相关经验。我做的那点小筹款，对于复杂的竞选来讲就是杯水车薪。我当时和乔丹森还属于恋爱关系，他建议我增加筹款的贡献额度，并借着一次晚餐的机会跟我说："如果你真的热衷政坛，并希望能在其中有立足之地，你必须进行投资，包括投资自己的钱进去。"我当时一年的筹款总额也就是 20 万美元，于是乔丹森建议我把自己的贡献额度从每年 2000 美元提升到每年 1 万美元。

那也仅仅是我年薪的 5%，但对我来讲却意味着一个重大概念——我一直致力于增强女性在政治领域的话语权，然而很多女性，包括我自己在内，并没意识到自己也有权为自己的政治选择进行投资。女性们主要把钱都花在家庭上，觉得为家里添置才算是正经事——然而男性们会把钱投资在外边，去延伸他们的社会触角。至少从我的所见所闻来看，为候选人进行政治投资，也是男性们让自己感觉更强大的方式之一。

因此我写了一张 1000 美元的支票，来支持希拉里·克林顿在纽约上东区的现场筹款活动。筹款活动就在菲尔斯·阿克斯罗德（一位当时希拉里的主要支持者）的家里举行。活动现场布置得很雅致，布满了当代艺术作品和漂亮的鲜花。多亏了我的一位新朋友海伦·库克，她已经搞了 40 多年的竞选，非常有经验，跟我说可以早点过去，这样能有机会和希拉里多说两句话。于是我穿着我最好的一套灰色羊毛西装，在下午五点一刻就到了现场（规定到达时间为下午五点半）。现场已经聚了一群叽叽喳喳的支持者，都等着能和希拉里说上话。我拿起一杯红酒，脸上摆好了微笑，就等着能和希拉里说话的机会。我见缝插针，当接近希拉里的时候，我的一席话就一下子喷出来："我特愿意为您效劳，只要能帮到您，让我做什么都行，让我做什么都愿意。我对您的竞选特别上心、特别兴奋！"

"那太好了。"希拉里非常和蔼地回答我，和我握了握手，接着就转向了另一个在旁边等得迫不及待的女士，结束了我们之间的短暂对话。第二天一早，我打电话到希拉里的竞选筹备办公室，跟工作人员说希拉里本人已经亲口跟我说，非常愿意我能过去帮忙。但这除了让我有机会帮忙打打下手（打电话、装信封之类的工作）之外，没起到任何实质效果。于是我退了回来，又赶到希拉里的另一处筹款活动现场捐了 1000 美元。

这处筹款现场选在了位于塔克西多公园附近的查尔斯·麦克斯家里，距离纽约市大概有一小时的路程。

那天晚上，我挤到接待区的前面，对希拉里说："我跟您办公室的工作人员表达了想帮助您的想法，但他们说目前没什么特别的事情需要我做。我只在竞选筹备办公室当了两天志愿者。但说实话，我真的希望尽全力帮助您，只要您能赢得选举，怎么都行。"

希拉里愣了一下，跟我说："我还真有一件事想要你帮忙。你能否组织和你差不多年纪的年轻女性，组建一个筹款活动？"

"能啊！我能！"我说，"一定完成任务！"

希拉里给了我一张她助理的名片。第二天，带着首战告捷的小激动，我拨通了名片上的电话："第一夫人说，她希望我组织起同龄的年轻女性，为她组建一个筹款活动！"

助理很耐心地把我带到了筹款项目总负责人那里。对方起初还将信将疑。（手下的人会经常推掉领导们的一些"小承诺"，因为领导们往往是当场碍于面子，不希望让对方失望，所以基本上不会拒绝任何人的请求。）于是，在我打了一个月的电话，不断地表明态度，并说"希拉里本人真的拜托我做过这件事。我向您保证，我能筹到 5 万美元！您看，我的筹款活动策划书都写好了，请您过目"，他们终于同意了。

估计你从没见过像我这么努力拼命的筹款项目负责人。因为希拉里说希望组织起和我年纪相仿的年轻女性，于是我基本上把我长这么大能认识的人脉全用上了。我先是发动了 70 位筹款搭档——全部是我的朋友，基本上把我认识的对政治有兴趣的年轻女性朋友全叫上了（其中很多人都是我在过去几年里，在其他候选人的筹款会中认识的同道中人）。我把她们按住，万分拜托，"这次筹款真的非常重要。你们每个人都要卖出去三张筹款券，同时自己要买一张"。普通筹款券250美元/张，VIP等级的500美元/张。也就是说，这70位筹款搭档每人至少帮忙筹到1000美元。我大事小情事无巨细地过问。仅仅是沟通邀请这件事，我就和竞选办公室至少电话沟通了五次。他们会同意我用蓝色和金色作为筹款活动现场的主色吗？那是希拉里最喜欢的两种颜色啊！我相信，当时我一定都把大家折磨疯了。

筹款现场最终在一个俄式茶房举行。茶房华丽漂亮，有着富丽堂皇的红色墙面和镀金的晚餐椅子。这是我政治生涯的第一次试水成功——300名四十岁以下的女性挤到接待区的前面，抢着问希拉里关于教育和医疗的问题。我们差不多超额一倍地完成了筹款任务。活动结束之后，希拉里送给我一张她漂亮的签名照片，打电话给我说，感谢我的努力工作。我们聊了两分钟，而这"两分钟对话"对我而言意义非常。

从那之后，希拉里经常在我人生的关键时刻给我鼓励或建议。在我竞选公职之前，我和希拉里的关系仅仅由一次次"两分钟对话"组成，再无深交。唯一的一次例外是一次私人电话，大概是在希拉里竞选成功参议员的一年之后，她打电话跟我说，她觉得我爸这人特别赞——一次特别偶然的机缘，我爸和她一同出席了同一个规模很小的生日派对。他俩聊得超级开心，哈哈大笑。我爸这人就像是个魔术师，带着他那些与生俱来的幽默细胞"男女通杀"——无论男女都特喜欢和他聊天。

"哈，我跟你爸聊得太开心了，他太逗了！我们一直都有聊起你。"

听到希拉里在电话中的声音，我愣住了，然后哈哈大笑。我和我爸一直属于"不是冤家不聚头"，而这也是希拉里第一次跟我谈政治和工作以外的话题，而话题竟然是滔滔不绝地谈起我老爸。我挂了电话，有点受宠若惊，缓过神来之后心里涌上甜蜜的小骄傲。

"老爸，你猜刚才谁给我打电话？希拉里！"在挂掉希拉里的来电三分钟之后，我迫不及待地打电话给我爸说起这事。我爸大笑，跟我说希拉里是个非常有智慧、可爱又与众不同的女人，不愧是全民偶像。

能够在我政治生涯的几个关键时刻得到希拉里的建议，对我来讲真是无价之宝。不开玩笑地说，从我和希拉里开口说第一句话开始，一直到我也成为参议员，我们之间的所有对话加起来都不会超过 90 分钟。但这些已经足够改变了我的人生，每次交流之后，我都感觉神清气爽，工作的热情和劲头儿都多了一倍。现在，每当有年轻的女性问我有关从政方面的建议时，我都会耐心解答——因为希拉里曾经对我亦是如此。

然而，虽然我在希拉里筹款项目中表现不错，但这并没意味着我就可以叩开了政界的大门。我依然在公共事务方面非常缺乏经验,四处碰壁。我向美国联邦检察长办公室提交过简历，申请纽约州东部和南部的事务工作，被拒。我又致信给福特基金会、卡耐基基金会、洛克菲勒基金会，结果统统杳无回信，石沉大海。这些结果让我很受打击——由于没有足够的相关经验，我也无法在希拉里的竞选办公室中谋到一个全职。

当我听到安德鲁·库默[12]在女性领导力论坛中的讲话时，我陷入了深深的失望。库默在讲话中大谈特谈公共服务的重要性和规划愿景。我在台下听得耳热，一心想帮忙，可是四处碰壁，连帮忙的机会都没有。

在库默的讲话结束之后，我找到他，简单地做了自我介绍，然后说："部长先生，我非常喜欢您的讲话，您的每个观点我都特别赞同。但我想跟您说，现实没有那么容易。我一直想跻身于公共服务事业，在外围做了好几年了，联邦检察长办公室、希拉里的竞选筹备办公室，我都试过，但是一直找不到门路。我很努力，也受过良好教育……但我感到面前像是有铜墙铁壁，政治好像只是圈内人的游戏，外人根本进不来。"

"女士，您是做什么工作的？"库默问我。

"我是达维律所的一名律师，已经有8年工作经验了。"

"如果来华盛顿工作，你会考虑吗？"库默跟我说。（库默一向是个很会提出诱惑条件的人）。

"当然！"我回答道。虽然从心里来说，当时我从未考虑过离开纽约去华盛顿工作。我爱纽约，那里有我爱的人，并且我们即将成为爱人——我放不下乔丹森。虽然我真的希望能投身公共事务领域，虽然这一切现在看起来似乎有了实现的可能性，但这意味着我要拿一段非常美满而且来之不易的感情关系来冒险，而且放弃一个我熟悉、喜爱、专业又稳定的工作？

库默跟我说："如果你是认真的，我可以让我的秘书明天电话联系你，然后安排一次下周的面谈。"

第二天是周五，库默秘书的电话如约而至。在接下来的周一，我飞到了华盛顿，在库默那间略显单调的行政办公室见到了他。只见办公室里一系列的海军蓝沙发、铺着海军蓝地毯，墙上挂满了联邦的各种奖章。我们聊了 20 分钟左右，然后库默当场提出了一个职位，问我要不要来他这里工作。

"你对这个职位感兴趣吗？"他说这句话的时候，我至少在椅子上愣了十五秒以上。

"我希望能有时间考虑一下……"

"看来你不是认真的。"

"我向您保证，明天一定给您回复，"我说，"我真的非常感谢，也觉得这是一个非常好的机会……"

"你可以过来做我的特别法律顾问。至于薪水方面，只要在联邦制度之内，我会给你最高工资。因为我知道，你也是从一份很高薪的工作中过来的。如何？"

我跟库默说，我真的只需要 24 小时考虑一下。然后我飞回了纽约，和乔丹森商量这件事。

当时我和乔丹森并没住在一起，所以我到了上西区，去他家里找他。（他家住在 4 楼，公寓门牌号是 8，正好是我的幸运数字。）

在很简短地说了事情之后，我问他，"你怎么想？"

乔丹森真是个爷们。他跟我说："亲爱的，自从我认识你的那天起，就知道你真正想做的是公共服务。去做吧，你不需要纠结达维律所的事情，而且我们可以周末见面。"

假设我当时还没有爱上乔丹森，我在那一刻也会爱上他。他让我把心放在肚子里，不要担心他，虽然那时候我们已经拍拖一年了。第二天，我告诉了我在达维律所最信得过的同事，给了律所两周的工作交接和缓冲时间。一切出奇的顺利，律所并没有挽留，而这是让我意想不到的。我本想听到他们说"姐们，你可不能走啊，咱组建搭档还指望你呢"！但事实上什么都没有。（虽然我不打算在此工作了，但人总是希望有"被别人需要"的感觉吧。）不消赘述，我收拾行李，只身去了华盛顿。

在华盛顿，我租了房子，就选在离办公室两站地的地方。我每天都工作到晚上八九点钟，从没在库默之前下过班。我很热爱这份工作：我帮助工人领袖组建薪资激励项目，帮单身母亲改善住房问题，和武器制造商达成协议，将枪支从政府廉租房中清除出去……在公共事务的这条路上，我知道，从此刻开始，没有回头路。

每到周末，乔丹森会赶来华盛顿看我。他来不了的时候，我就飞回纽约见他。库默看出了我在HUD[13]之外更大的政治兴趣，于是也就给我提供了更大的机会空间——2000年，美国民主党全国代表大会在洛杉矶举行。我自愿给库默当时的妻子——凯瑞·肯尼迪做起了特别向导。我在加州大学洛杉矶分校读法律系的那些年，就已经对这座城市门儿清。我带着凯瑞去逛洛杉矶所有好玩的派对，甚至连站在她身边帮她收名片这样的事都奉陪到底。真是感谢上帝，后来实践证明，我抓住了洛杉矶这次机会实乃上上之策，因为我在HUD的缘分要尽了——那一年的美国总统大选结果大家都知道了，共和党候选人乔治·W·布什成为了新一届美国总统，而这意味着小布什会重新组阁，我、库默等等这些民主党人士，在未来的四年甚至八年当中，都要和HUD说再见了。那时我在HUD刚刚工作7个月，如果要继续留在政界，我就必须给自己找到一个新的位置。

当然，不是所有人离开这座城市的时候都那么斯文优雅——很多年轻气盛的民主党人故意把办公室电脑键盘的"W"字母按键抠下来，让那群共和党人在接手办公室的时候，电脑根本敲不出乔治·W·布什的英文名字。

第 3 章

如果支持者还没有母奶牛多呢？

看着钻戒，接下来的人生可以和这个叫乔丹森的男人共度，想想也是醉了。

当时我已经怀孕三个月了。预产期就是时间的大限，我没那么多时间可以拖，很多事情必须尽快落定。

"只有你证明自己有胜算的时候，我才会同意。"

"只有你抱着100%的决心时，你才能去竞选，99%都不够。"希拉里说，我参加竞选的这个决定就像是一次"死里逃生"。

在 2000 年圣诞节的前几天，我回到纽约。几天后，我和乔丹森一起到中心公园散步。雪后的松树园银装素裹，分外妖娆。在一个隐蔽的松间小路旁，乔丹森递给我一个雪球。我正准备掷到他身上打雪仗时，他跟我说："打开看看里边有什么。"

我戴着手套，把雪球掰开，在那堆亮闪闪的残雪中，看到了一枚这世上最美的订婚钻戒。看着钻戒，接下来的人生可以和这个叫乔丹森的男人共度，想想也是醉了。或许重返纽约并没有那么糟糕嘛。

接下来的五个月真是天堂一样的美好日子。我在博伊斯、席勒和弗莱克斯纳律师事务所兼职接案子，谋划着等到 6 月份再"重出江湖"。接下来四个月是婚礼筹办期，作为一个工作中用惯了"任务清单"的达人，我也把这招带到了婚礼筹办中——我把婚礼分解成了 10 项子任务：1，婚纱礼服；2，婚礼举办地点；3，宾客名单；4，戒指；5，婚礼现场；6，邀请函；7，摄影师；8，婚礼用餐；9，鲜花；10，蛋糕。（不要问我为什么对办婚礼这事特有逻辑。我特别喜欢婚礼，而且还爱给别人张罗和主持婚礼。在我之前并不漫长的人生旅途中，就已经成功地给一沓子人做了婚礼"大拿"[1]，包括我的小叔子——也就是乔丹森的弟弟西蒙，还有乔丹森的搭档胡斯托、我的两个同事，还有一对好友。）

我把这十项做成索引卡放在钱包里，然后在每张卡片上注上该项负责人的姓名和电话。2001 年 4 月 7 日，在纽约市的圣依纳爵罗耀拉教堂[2]，我和乔丹森正式举行了婚礼，上百名亲朋好友见证了这个重要时刻。在拉奈岛[3]度了两周蜜月之后，我俩"重返人间"，开始新生活的柴米油盐。

在戴维·博伊斯[4]的律所，有一点特别吸引我——除了戴维本人之外，他的合伙人乔丹森·席勒、唐·弗莱克斯纳，以及律所的其他搭档都特别有智慧——律所经常接到关乎全国、道德性、重要性都很强的案子（其中包括承接与 2000 年大选密切相关的戈尔案[5]，以及协同推翻大名鼎鼎的加州"8 号提案"[6]）。还有就是，戴维的律所在奥尔巴尼设有分所，这样我有了另一个考虑，要不要回到老家去？

在我开始了在戴维的律所工作之后，我终于有勇气跟乔丹森说，我希望未来的某一天能参加政治竞选，想在纽约州的北部买套房子。有几年的时间，我们每逢周末和夏天就去阿迪朗达克山郊游。此外，我还爱逛 55 号街区的农贸市场，那边还有一家"每日星球"简餐厅，他家的鸡蛋和肉馅饼早餐特让人销魂。怎么说呢，每次和乔丹森从州北部回到市区，都特别地开心和放松。或许……有可能的话，我们要是直接搬到州北部，全天享受这种生活呢？我有点举棋不定，完全不像平日的作风。准备日后竞选的想法已经把我自己都吓到了，我担心我跟乔丹森说了之后，也会把他雷到。

但乔丹森很喜欢纽约州北部，所以我们开始找房子。我们经常在周六的一大早到哈德逊河谷那边转悠。那是 2002 年，这些周末是我们在一起最快乐的时光之一。我俩很喜欢那些老建筑，有时候经常看上一些"完全不切实际"的老掉牙产物——比如有一座房子的排水系统超有年代感，都不知道是哪个年代的文物。（我们开玩笑说"房子里面有条河"，但这并没影响我俩坚定不移地把它买下了。）

起初的时候，我撺掇乔丹森选房子的原因，是我动了搬回奥尔巴尼的念头。但是后来真正选房子的时候，我发现自己非常在意房子的地理区位。如果可能的话，我想买位于纽约州第 20 选区[7]的房子。那里的现任众议员是约翰·斯维尼——一个支持率有压倒性优势的共和党家伙。如果落户到再往北一点的选举区，那里的议员苏·凯利也是一个人气很高的保守党，但我不想和她争，因为她是个女性——本来在国会中的女性议员就很少了。（及至今日，美国众议院中女性议员的占比也仅为 18%。）

婚后一年半，我发现自己怀孕了。女人一怀孕就容易多想。一边忍着孕期反应想吐一边找房子，我脑子里还在盘算，如果我真的想竞选国会议员，怎么准备才能有更大胜算。于是我开始拜访前辈，广听良策。在我首批拜访的人当中，有一个叫杰弗瑞·普劳克的民意测验专家。好几个朋友都向我建议说，如果想竞选成功，一定要先去拜访他。在致电之后，我被邀请到他办公室小叙。杰弗瑞的办公室位于纽约闹市区非常端庄的大楼里，电梯间宽敞明亮，有着复古的大窗子和木地板。杰弗瑞坐在一张讲究的办公桌后边，问我说："我能为您做点什么？"

"我想参加纽约第 20 选区的竞选。"我坦言。他是除了我丈夫乔丹森和我妈之外，我提及此事的第一个外人。杰弗瑞听了，只是点点头。

杰弗瑞移步到他的书架，拿出一个厚厚的资料本，然后开始大声地读出里边的竞选记录、民主党人的参选情况和最终结果。我听了半天，并没搞懂他读的这些数字和记录意味着什么。于是杰弗瑞解释说，这意味着在第 20 选举区，一个民主党人大概可以赢得 45% 的支持率。

"您觉得我能赢吗？"我追问到，希望能得到一个更明确的解释。

"不能，"杰弗瑞的回答很肯定，"在第 20 选区基本上胜算为 0。那里的民主党人占比太少。"

杰弗瑞的回答让我很郁闷。我又追问："如果我的竞选活动做得足够好呢？"我想杰弗瑞一定不知道我为了竞选活动能够多拼命多努力。

"没多大用，"杰弗瑞说，"住在第 20 选区的民主党人太少。如果选区居民中的民主党人数只是共和党人数的 1/2，你从一开始就陷入绝对劣势，很难扳回局面。

"那如果我能筹集到 200 万美元的竞选经费，广布信息宣传造势呢？"我还是有点不甘心。

"还是没多大用，"杰弗瑞很坚定，"女士，竞选里边的门道不是你想的那样。"

我被这个回答惹恼了。杰弗瑞显然对我缺乏信心，他的态度并非像我期待的那样。我赌气问："那就算现任议员约翰·斯维尼被法院指控了，我也赢不了是吗？"

杰弗瑞并不生气，依然慢条斯理又异常坚定，"如果真是如此，那取决于斯维尼被指控了什么罪名。"

我没再吱声，只是心里窝火。杰弗瑞不过是跟我说了实情而已。我这样的思路和假想从根本上就很难实现。

回到家，我跟乔丹森吐槽了今天的遭遇。乔丹森听完只是耸耸肩，跟我说："别着急亲爱的，反正我们也没确定就要在第20选区买房子，这跟我们的关系也不大。"

当时我已经怀孕3个月了。预产期就是时间的大限，我没那么多时间可以拖，很多事情必须尽快落定。其中的首要任务，就是赢得民主党最高女性领导人朱迪斯·霍普的信任，让她觉得我是民主党未来的好苗子。

朱迪斯本身就是个传奇女性——稳坐民主党女性领导人的第一把交椅，同时还是埃莉诺·罗斯福[8]遗产基金会的创始人，帮助女性在政界参选、提高话语权。当我和朱迪斯第一次在曼哈顿的市区吃早餐时，我能够感到她眼中对我的怀疑和不信任——我太年轻，经验又太少。好在当朱迪斯得知我的外婆是波莉时，对我的信任感稍稍多了一点（朱迪斯很喜欢我的外婆）。但是真正打动朱迪斯，还是在几个月之后。我在自己的公寓中邀请了70名女性，全部四十岁以下，为埃莉诺·罗斯福遗产基金会筹款。

要想在政坛中赢得信任，就要显示出你可以做出贡献。这个筹款活动可以算作第一次真正的政治尝试。和几年前为希拉里筹款不同，这次可没有一个"前第一夫人"的金字招牌让募捐者不请自来。

怀孕可以让一个女人的直觉都调高到超速挡状态。我还是决定在儿子西奥出生之前就把州北部的房子落定了。很幸运的是，乔丹森找到了一处非常合适的房子：一所20世纪30年代殖民时期的白色房子，带着墨绿色的百叶窗，可以看到哈德逊河从家附近缓缓流过。卖主希望等到圣诞节临近的时候再出手，但是我坚持在8月底入住，因为西奥的预产期在11月初。我妈当起了我们家的全能顾问。终于在2003年11月8日，我们的大儿子西奥出生，我和乔丹森开心地把他抱回了我们的新家。

在我怀孕之前，博伊斯律所并没有歇产假的先例。于是我写信给律所，希望申请 3 个月的带薪产假（而这也侧面证明了，女性在领导决策层中占据一席之地有多么重要）。除了睡眠不足之外，那段时间我感到超级幸福。我是一个闲不下来的人，总得计划干点什么才觉得开心。所以一边带孩子，我一边开始仔细盘算竞选的事情。最后实在憋不住了，问乔丹森他怎么看。"亲爱的，我知道竞选的事情还有很多问题，但是我现在确实很需要一个家庭意见。这件事在我脑袋里翻来覆去想了好久了。你怎么看？你觉得我们能赢吗？"

我说这话的时候心里一直打鼓，害怕乔丹森会说不行。竞选是个对家庭影响非常大的决定——它意味着很大的财力投入，收入会大幅缩水；隐私会被严重干扰，同时各种各样的小报消息、对手制造的负面舆论……这些我们都必须面对。此外，竞选意味着我和乔丹森要在纽约和华盛顿之间来回奔波，我们的孩子还小，想起来也是心塞。

乔丹森的回答很严肃，"只有你证明自己有胜算的时候，我才会同意。"也就是说，乔丹森需要我能提供自己竞选的清晰思路，才能支持我的选择。所以，我俩开始静下来，谋划如何才能提高胜算——这是一种非常可取的处事态度，对我一贯的处事态度是非常好的互补。我更倾向于先选择人生方向、盘算出自己如何才能去做这件事，然后去例证这个想法的必要性和正确性。但是乔丹森绝对和我不同。他更加讲究条理、深思熟虑。在做出选择之前，一定是早已权衡好了利弊。无须赘言，乔丹森的积极冷静给了我非常大的影响。

除了枕边人的建议，我还打电话给我妹艾琳。当我跟艾琳说"你姐我真的打算去参加国会竞选了，而且觉得胜算还挺大"，艾琳问了一个非常实在的问题："姐，你为什么想去参加竞选？"

虽然是亲姐俩，但我和艾琳却在很多地方非常不同。艾琳是妹妹，却有一种天生的母性，我有时候倒需要她的指导。她现在做瑜伽教练，在此之前，她住在巴尔的摩，就在家附近的港口造了一艘海盗船，在孩子们过生日的时候把它租出去。从小我和艾琳就没有太多秘密，于是我跟她说，我觉得人生得用足了劲儿多做点什么，要不哪天死了，上帝他老人家会责怪我，怎么这辈子才干了这么点儿事。

我的笑话太冷，艾琳并没有笑。她只是指出了我现在已经做了的一切奉献——为儿子，为丈夫，为家庭，为教堂，为慈善基金会等等。但我解释说，人活着得有大意义，有更多的人需要我去帮助。当然，艾琳觉得我有点矫情。她是把小日子过好的女人，才不会想着竞选和从政的那一套"先天下之忧而忧"。但艾琳了解我，爱我，接受我，也支持我的选择。于是我两有了一次印象深刻的对话。她跟我说："做一个政治家和一个家庭主妇，有一个相同点，就是两档子都是苦差事。但如果一个人有足够的信心和热爱，相信她能同时把这两件苦差事都拿下。"

最后，我还必须寻求一个人的建议——希拉里·克林顿。我给她打了电话，她在一个冬天的午后回了电话给我。当时我正和朋友在开车回家的路上，赶紧靠边停车，免得信号不稳定会掉线。在简单的寒暄后，希拉里问我："你打算参加哪个选区的竞选？"听了我的回答后，她又问："你的对手是谁？"

希拉里很担心，第二十号选区共和党数量太多，而且我的竞争对手也是出了名的不好惹。她并没有直接发表我是否应该参选的意见，而是绕着圈问了我一些边边角角的问题，"宝宝怎么样啊？""乔丹森怎么样啊？"

当我挂掉电话的时候，我知道希拉里的意思是希望我再等等。参加2004年的竞选对我来说时机还未成熟，胜算微乎其微。最终，乔丹森和我觉得希拉里说的是对的。

为了给2006年的竞选做准备，我第二次参加了竞选培训学校。没错，这些培训学校一直存在，而且不限门槛，每个人都能参加。大部分都是周末上课，教你如何筹款、如何答记者问、如何制定计划、如何提高支持率、如何进行有效沟通和表达，甚至包括如何着装、如何展现自己。在2003年，大儿子西奥还没出生的时候，我就参加过耶鲁举办的一个女性选举培训班，时间不长，一个星期的课。而即便是在耶鲁的女性选举培训班，我在讲出"我想参加竞选"这句话的时候还是很尴尬——因为班里只有1/10的女性是真的想有朝一日参加竞选的。（大部分来上课的女性只是希望谋求一份和竞选相关的工作，比如负责财务或对外联络等等。）

在耶鲁的培训班，我知道了如何去立意，如何泰然自若，如何在面对媒体提问时，哪怕心中有一万只"草泥马"在奔腾，也依然保持面部微笑。此外，我知道我并不需要让所有人喜欢我，也没必要在此方面费尽心思和精力。我只需要让50%加1人能支持我，就足够。

在 2004 年的时候,我通过埃莉诺·罗斯福遗产基金会,参加了第二次女性选举培训课程。在这一次,我学会了如何组织人脉,如何经营支持者的圈子,如何打理从最亲密的死党到最萍水相逢的点头之交的关系。同时,在这里我还认识了一个人——萨姆·巴伦德,一个准备参加纽约州北部选区竞选的 25 岁姑娘,非常自信而有活力,我很希望能和她一同参选。我参加的第三次培训班,是女性竞选基金会组织的。在那里,我认识了珍妮·皮洛,一个希望竞选首席检察官的共和党女性。我眼睁睁地看着她在演说时整整卡壳了一分钟来恢复心情,整个第十页的演讲稿一个字也没说。当时我在台下,心随着她一起怦怦直跳。最后,她们都输了。但是这些女性并没有被击垮,只是把竞选经历当成了一次难得的成长。其实,想起她们在众目睽睽的竞选现场败北,我都能感到那种心塞和尴尬。

我放弃了 2004 年的竞选,但依然没有放手政坛,积极地为 2006 年的竞选做准备。在大儿子西奥的婴儿期,我就开始为约翰·克里[9]筹款,结识民主党最资深的女性前辈,树立自己在民主党中的形象。当时我做的最大一项工程,就是号召了一群在女性领导力论坛中热衷政治的年轻女性,新建了一个小组,叫做"女性领导力论坛联络处",有超过一打(12 名)的女性来做我的左膀右臂。我让她们之中的一个人负责活动,一个人负责政策,其余的全部负责拓展。我希望在这里的每一名女性都能够负责一个重要岗位,提高领导能力,积累项目管理经验。而我的任务,就是不断地在民主党内部向更多的人证明,虽然年轻人的筹款金额少,但是他们的参与同样重要。那时候,女性领导力论坛联络处负责筹款、组织党内演说派对、宣传培训课程。(希尔达·斯皮策[10]在她丈夫竞选为州长之前，也来参加过我们的活动，也正是这个机缘让我很欣赏佩服她。）正是由于我们这个组织的活力和潜质，在 2004 年的民主党大会召开的时候，我们赢得了很多的与会资格——要知道这种重要会议的与会资格向来一票难求。那时候西奥也就刚刚 8 个月大，还没断奶，于是我只能把他带到了波士顿。当保姆阿姨正推着他在查尔斯河边散步的时候，我这个当妈的却只能带着酸胀的乳房，在会议中心又热又闷的盥洗室挤奶水。一场重要政治会议是什么样？如果你没概念，你就把它想象成一场为期几天的体育比赛，只不过参赛选手换成了政客，参赛项目就是一篇篇冗长沉闷的政治演讲。（依然很让人羡慕，嗯？）和我一起来波士顿参会的姑娘都比我还要年轻，还都没生小孩——所以当我晚上带着儿子西奥回酒店，那些没娃牵绊的姑娘们都去《纽约客》或《名利场》组办的派对晃悠了，甚至连晚上去舰队中心球馆 [11] 听现场的政治专题演讲，我也只好失之交臂。我在宾馆的房间里，筋疲力尽地抱着儿子守在电视机旁，看着直播中的奥巴马，热血沸腾又哭又笑，只能轻声耳语对睡着的儿子说："宝贝，这真是一场特别赞的演讲。"

2004 年的选举结束后，我和乔丹森就开始盯着第 20 选区的下一轮竞争。乔丹森希望看到一个具体有可操作性的计划书。这也就意味着，我们需要做一场民意测验。

我再次拨通了杰弗瑞·普劳克的电话，希望能够请他帮忙做一次民意测验，对比一下我和约翰·斯维尼的可能性支持率对比。请杰弗瑞出山做一场民意测验的酬劳是 1 万美金，不过我和乔丹森都觉得这钱花得很值。斯维尼已经是一名连任四期的共和党议员，老练强势，财力雄厚。他背后组织的"布鲁克斯兄弟"财团，在 2000 年总统大选中，几乎对福罗里达的选区起到了决定性作用，深得小布什的青睐（所以在国会中一直被戏称为"屌爆侠"[12]）。但是这位"屌爆侠"也有软肋——酒驾和酒吧打架的负面传闻不断。只要乔丹森支持，我随时准备和"屌爆侠"进行一场未来的政治血拼。

杰弗瑞的民意测验结果出来了，意料之外情理之中地令人心塞——"屌爆侠"的支持率在 57%，而我只有 14%。此外，杰弗瑞还强调说，这只是一个民意测验情况下的支持率，在实际竞选的时候，"屌爆侠"还会在背后玩阴的。

但这个结果也并非宣判我们毫无希望。杰弗瑞说，在民意测验中他发现，选区中有一半的选民属于徘徊状态的"独立派"。此外，选区内所有的民主党选民都会支持民主党候选人，但是只有一半的共和党选民会给共和党候选人投票。也就是说，如果我们能够赢得独立派的支持，我们就有胜算的可能。选区内的选民对"屌爆侠"并不完全忠实。

这对于乔丹森来讲就足够了。现在我们要做的就是争取到大家的信任。我妈深谙 20 号选区的情况，听完我的想法都觉得有点过于理想化。其他人就更别说了，只是笑笑祝我好运。

但这并没阻止我继续争取其他人的支持。

首先，我去找了希拉里。相比于一年半之前，现在我经历了更多的历练。让我又惊又喜的是，杰弗瑞的民意测验报告竟然赢得了希拉里的赞同。我在奥尔巴尼的新竞选办公室给希拉里打电话，她告诉我说，她已经和拉姆·伊曼纽尔（掌管民主党国会竞选委员会的头号人物，也是备受前总统克林顿和希拉里信任的关键顾问）说了我的事情。拉姆对此的态度是，觉得我是一名"非常棒的候选人"。希拉里还向她的另一个关键政治顾问凯伦·帕西奇利·基奥咨询意见,得到的答复是"道阻且长"。（凯伦·帕西奇利·基奥，也在我之后的首次参议员竞选中立下汗马功劳，成为我不可或缺的顾问。）当然，希拉里也很担心西奥——我把一个没断奶的小家伙一起带到波士顿，这也就意味着我在公共事务上的投入时间是有限的。同时，我竞争对手"屌爆侠"的名声也是令人生畏。但是希拉里一直最关心的是我为什么想参加竞选以及我万一面临竞选失败的想法。"只有你抱着 100% 的决心时，你才能去竞选，99% 都不够。"希拉里说。此外，我们还谈论了竞选的支持平台、消息传递、布什政府的失误之处，以及我应该如何展示自己。她说，我参加竞选的这个决定就像是一次"死里逃生"。

希拉里对我真是极具耐心和关切。她分享了克林顿在早期竞选中的很多事情，比如他是如何在 24% 支持率的情况下，抓住机会赢得强烈赞誉，最终反败为胜的。此外，希拉里告诉我说如果我做了参加竞选的决定，她和克林顿会非常开心地全力支持。（而且他们夫妇二人也确实这么做了，在我竞选之前，他们帮忙筹款，帮忙在选区发表政治演说。）希拉里最后给我的建议是，只有当我"出于内心的信念来参选"的时候，我才能迈出参加竞选这一步。竞选的路上，没有谁敢打包票。你甚至可能遇到有人用到下三滥的手段，所以一定要锻炼自己学会厚脸皮。一旦做出竞选的决定，就只能想着赢。

我确实特别想赢，而且脸皮也确实够厚。特别是当得到了希拉里的支持之后，我觉得自己准备得差不多了。

接下来，我开始逐一拜访我认识的所有政界女前辈。我的言谈举止、穿衣打扮都非常得体，脸上总挂着笑，随手拿着笔记本和钢笔。而基本上我所有的拜访对象，在起初都对我很客气友好，但也对我的竞选决定表示惊讶和担忧。其中，艾伦·切斯勒给了我一个名单，上边有十来个人名，艾伦告诉我说这些人值得逐一拜访。苏珊·托马斯，也是希拉里的长期伙伴和顾问之一，问我："现在在休斯敦，你对自己所有的邻居都认识了吗？"

我摇摇头。

"如果有记者敲开你邻居的门，询问你的情况。然后邻居说：'我根本不认识她啊！'这可就坏了。"

简·哈曼，一名加利福尼亚州的女性议员，曾经问我："你的平台如何？你的自我宣传手段和渠道有哪些？有哪些助力？在电视讲演的时候，你打算说哪些议题？"简对我的选择并不太看好，但依然向我提供了一笔资金赞助。

到了 2005 年 8 月，我开始进行准议员的前期工作，把每天要做的事情列出代办记事清单——在选区中尽可能地熟络更多选民。比如，一个朋友可能说："这周四晚上，我母亲在家里办一个女性朋友聚会，你要不要去见见她们？"我会说："好啊！谢谢你！"然后我就会按时过去，和这些女性朋友坐在一起，问她们最关心的问题，然后用蓝色钢笔记在白卡纸卡片上——社会安全、大学学费的税额减免、新的医疗改革（这比奥巴马医改计划还要早）。我把这些白卡纸卡片放在钱包里，就像当年我的婚礼筹备清单一样——这些卡片已经变成了我的第二大脑——如果我不把事情记下来，转头就忘了。

此外，我还特意去拜访了三个重要组织——美国劳工联合会、民主党国会竞选委员会以及"艾米丽的名单"[13]，和三大组织的领导人分别做了约谈。首先，我去见了美国劳工联合会的二把手——苏西·巴兰缇妮。苏西是个性格非常强硬的女人，我开始还担心她会直接下逐客令，但当我讲到为什么一定要打败约翰·斯维尼的时候，尽管言辞未加润色，但苏西还是很有礼貌地听完了，笑着跟我说："柯尔斯顿，你是知道的。我觉得'屌爆侠'就是个混蛋。我会帮你。"

初战告捷，第二步是赢得民主党国会竞选委员会的负责人拉姆·伊曼纽尔的支持。拉姆是出了名的狠角色，性格多疑。他张口就给我提出了一个非常高的筹款目标，如果达不到这个数字，他觉得我根本没戏，不可能加入他的"红变蓝运动"[14]，给民主党扩大政治地盘。但是我使出了浑身解数，终于化解了他对我的每一项质疑。长话短说，最后终于搞定了民主党国会竞选委员会的这一票。

最后一块难啃的骨头就是"艾米丽的名单"。之所以把它放在最后，是因为我知道，如果拿不到劳工联合会和民主党国会竞选委员会的支持，想搞定"艾米丽的名单"简直是痴人说梦。这个组织极难被打动，可是一旦得到她们的支持，真可谓威力无边——她们会帮我组建成员、培训财务工作小组，还会给她们成千上万的支持者们一封封寄信，阐述"艾米丽的名单"愿意支持我的原因。

在 2006 年 1 月,我在哈德逊河畔的一个历史悠久的政治集会中心,正式宣布了自己的候选人资格。当日下午,我又驱车到萨拉托加做了第二次宣布。第二天一早,我到特拉华县的一个谷仓附近,对那里的农民朋友也进行了宣讲。还记得那时候自己太缺乏经验,比如在萨拉托加的演讲时,原本规定 10 分钟的演讲,我整整讲了 25 分钟,我身后的那些政客们(包括后来的司法部长艾略特·斯皮策在内)都要怒了。但无论如何,我的这张大脸第一次通过记者的相机被记录下来,然后刊登到了媒体上。真是感谢之前在竞选培训班的"媒体应对策略"——第一,保持微笑;第二,深呼吸;第三,谨记最简法则;第四,再次微笑。

我的竞选团队真是生机勃勃,甚至鸡犬不宁——在大儿子西奥出生的那个星期,我的外婆去世了。但是我们家一直留着外婆的房子,没有出售。于是我就带着竞选团队的工作人员,直接搬进了外婆家。房子里再次充满了政治话题的争论和商讨,我想着一生热衷政治的外婆听到这些,大概也是喜欢的吧。每天大概会有 5~10 个工作人员在这里留宿,遇到比较忙的时间段,甚至需要打地铺——一群年轻人,就在外婆家发旧的白地毯上,直接铺个睡袋,胡乱睡一宿。于是竞选结束后,我妈不得不来一次"真空大扫除",把外婆家的地毯全换一遍。这群在外婆家打地铺的家伙当中,有几个人我要特地提一下:一个是罗尔斯·奥芬格,当时是我竞选办公室的财务副主管,后来一直跟着我工作至今。他当时才23 岁,父母家在马萨诸塞州,加入我们的原因是,终于能从父母家搬出来透透气了。罗尔斯在外婆家住了一年多,渐渐习惯了院子里那个没人打理的游泳池变成了"雨水池",都开始有小龟出没了。熟络之后,罗尔斯就变成了外婆家非正式的"大内总管",甚至在客厅摆起了桌球——后来经常在月黑风高的半夜两点,就听见一个声音传遍整座房子,"耶!！！得分！！！"

另一个要提到的人物就是安妮·布兰德利——我现在的办公室副主任。她当时加入的时候,正属于人生中的非常时期。安妮本身在安永会计师事务所[15]身居要职,一边在安永工作,一边来我的竞选办公室免费帮忙。在我的竞选团队中,安妮是唯一一个真正意义上的成年人,当然受不了和这群毛孩子拿防震垫打地铺的日子(当时我的团队成员平均年龄只有25岁),于是她搬过去和我妈一起住。现在想来都特别感谢安妮的加入。

此外,比尔·海尔斯也是我团队中的一员猛将。比尔是一个脾气很坏,但经验很老到的竞选主管。他知道如何能让一次竞选吸引眼球、有条不紊,知道如何把钱用在刀刃上——和选民支持率相关的经费一分不少,和选民支持率没直接关系的开销(比如厕所纸)能省就省。

而我的工作,在初始阶段只有一件事,就是尽量说服更多的"独立派",赢取更多人的支持。只要是大家为我提供的联系人名单,我一一亲自致电,那些一笔一笔零碎的支票汇款,记录着我到底给多少人打了多少电话。只要是有人希望加入,我必定拱手欢迎。我当时求了很多人帮忙,比如能否把喝咖啡的小聚会,尽量选在我能够见到选民的地方?(这样我就能够用白卡纸片写下选民关心的议题和意见。)如果组织咖啡小聚有些困难,那能否借用别人的聚会场地,我们自己带一些玛芬蛋糕来?如果带玛芬蛋糕也很麻烦,那能否在聚会时多带一个朋友过来?人们都很乐意帮忙——这是人的天性。比如见到一个税务律师,我就向对方询问对现行税务政策的看法;见到教师朋友们,就问他们对现行教育政策的态度。人性都有奉献的一面,相当于大家对我的竞选都倾注了不同程度的情感投资。

正当我的竞选工作搞得如火如荼时,"屌爆侠"斯维尼也是倾其全部精力拉选票,同时在台下使阴招——不停地制造诋毁我的谣言。他造谣说我"在 HUD 工作时浪费了上亿美元公款",我"在私下就是一个发战争财的奸商",我"一直谋划着取消儿童税务减免政策",更离谱的是造谣说我"其实是个隐瞒身份的曼哈顿人[16],现在在家里还养着女仆,专门负责擦家里的银器……"这还不算完,"屌爆侠"还不放过我身边的任何亲人——我爸,我哥,我丈夫,我公公……都难逃"屌爆侠"在竞选海报中的恶意攻击。"屌爆侠"抓住了我的女性身份,攻击我为"又是一只政界花瓶",而我对此的态度只有两个字,"妈蛋"。我外婆生前教给了我非常重要的一课就是,不要理论那些负面报道。政治就像是一场足球赛。当你套上护膝,上场比赛,拼尽全力击败对手的时候,你要能想象,你的对手也会对你做同样的事情。

我能够在心里暗骂一句"妈蛋"就对负面消息置之不理,但是乔丹森不行了。他的情绪非常受影响,一下子就被触怒了,"简直是一坨狗屎"!他看着写满谣言的传单,越想越气,让竞选办公室的工作人员把他的名字划掉。后来乔丹森干脆从 9 月起连电视都不开了,直到我竞选结果出来,我们家的电视才重新打开。作为一个英国男人,乔丹森看完美国的政治竞选传单简直闻风丧胆、节操尽碎——"我的天,美国人真是什么都敢写啊！！！"

为了消解丑闻带来的影响，乔丹森和儿子西奥找了很多大木牌，用红、白、蓝三种涂料刷上给我宣传鼓劲的标语，插在从我家停车的草坪到竞选办公室的必经之路旁边。路边标语，虽然我知道这招对于打动选民芳心的效果基本为零，但乔丹森和儿子都觉得这至少能给我补充点心理能量。而不久之后，我发现斯维尼对我的谣言诽谤策略"聪明反被聪明误"——如果只是凭本事在街头发表伊拉克政策演说，我不见得能打动多少选民，但是斯维尼这么一搅和，公众都被激怒了，开始关注我，关注这场竞选——没有人会喜欢一个大男人恶语诽谤一个年轻母亲。如果斯维尼对我置之不理，这场选举估计他早赢了。

竞选就是一场持续力的较量。每天早晨一睁眼，就是检查人们对你的态度（都不是什么好事），然后去说服那些原本不支持你的选民——因为如果你和你的支持者说话，你永远不会改变其他人的态度，不会赢得更多的新选票。我当时拜访了所有保守派（共和党）报纸的编辑室，向他们一一证明我的努力和真诚。选举就是一场艰苦的跋涉，你希望搬开所有障碍物，沿着峭壁攀到山顶。再比如，你发起了一项活动，结果并没有太多的人表示"愿意出席"，那你就要再接着打上百个电话，直到争取到了足够多的现场人数为止。为此，乔丹森还定期给竞选总部提供披萨和啤酒的援助。

在投票日的前两周，事情出现了戏剧性的转变——我的得票率竟然首次超过了斯维尼！胜利终于露出了一点点曙光。之后，一家在当地举足轻重的报纸发表文章，质疑了斯维尼的人品和可信度。这导致选区内原本亲民主党的最大报纸——《星邮报》[17]逆转态度，撤销了对斯维尼的支持，转而支持我。更让人惊喜的是，在投票日的前一周半，恰好赶上希拉里的生日！所以当克林顿问妻子要什么生日礼物的时候，希拉里对他说，希望克林顿能够来为我的竞选助阵。

这个惊喜完完全全地超出了我的预期。希拉里已经对我非常好了，两度出席我的竞选活动，两度为我的竞选筹款。克林顿在几周前也特意到我的选区支持我。现在希拉里要求了这样一份特殊的生日礼物，克林顿当仁不让。从某种程度上说，这一切就像做梦一样。在星期二投票日的前一天，克林顿特意飞到格伦机场，像平日一样的风度翩翩，对我说："几天前是我太太生日，我问她想要什么礼物，她说：'我想让你去纽约州北部一趟，帮柯尔斯顿·吉尔布兰德赢得众议员竞选。'"

我真是感激涕零——克林顿总统[18]，又一次亲自莅临选区，来为我的竞选助阵。那一刻在我的脑海中永恒定格——我就像一个被喂了5大勺糖又得到了100个大气球奖励的小孩子，简直开心死了。在克林顿总统讲话之后，趁着他给粉丝签名的时候，我向他问起了2008年民主党总统候选人的事。没想到总统先生说，他非常看好奥巴马。我有点没悟透。

"希拉里非常棒，她肯定能赢的。"我说。克林顿总统知道我有多崇拜她太太。

然而克林顿总统只是笑笑说："奥巴马是个非常好的候选人。"

"但是希拉里没有理由输的，她是那么有魅力而且资质极高。"

总统先生依然笑笑，说："我相信你说的没错。"

在投票日当天，我照例起床，感觉有点奇怪，无所适从。好像无论我那天做点什么都已无关紧要，唯一能做的是等结果。那天一大早，儿子西奥穿了一件艳红色的毛衣，和我一起来到投票现场。当我把幕布拉开的时候，西奥冲着一片照相机闪光灯的海洋大喊："妈咪会赢！"

之后我开车回了家，换回牛仔裤，弄了弄头发。接下来，我们一家人打算去北边散散心。有一次在萨拉托加的主街上，我入手了一套新装备——一身带着薰衣草条纹的灰色套装，外加一件紫色外套。我知道这身装扮和竞选的氛围不太搭调，但是我很喜欢。（这也是为数不多的没有蹭上西奥早餐的外套。）晚饭的时候，家人和朋友们继续说着竞选中有意思的事儿，谈论着总统先生的到访，"屌爆侠"的阴招等等。

最终我们回到宾馆，等待投票结果。进房间的时候差点撞到墙。我已经为竞选的事情忙了整整两年，一瞬间身心俱疲，倒头就睡。在另一个房间，乔丹森、罗尔斯·奥芬格、比尔·海尔斯，还有我的基层竞选顾问肖恩·加文，他们紧紧盯着选举实况的数字变化，情绪一路飙升，直到晚上9点投票时间结束，各县的结果陆陆续续传来。最开始传来结果的是我最棘手的几个县，竟然都是好消息。我爬起来和乔丹森、团队朋友们坐在一起，大家的心情都越来越紧张兴奋。整个美国都在密切关注着这次选举——它意味着民主党在国会中的占有席位数量能否最终反超共和党，成为众议院多数党[19]。我们选区的最终结果在晚上11时30分统计完成。我们赢了，众议院的控制权回到了民主党手里。

我奔向宾馆大堂，向我的工作团队、家人、朋友，还有大批的支持者们表示感谢。然后我的电话就一直响个不停，希拉里、克林顿总统、志愿者、募捐人、旧时老友……一一来电祝贺。我感觉自己像是经历了另一场婚礼，兴奋、激动，又筋疲力尽。

第二天是西奥的三岁生日，我们在西奥的外婆家举办了很隆重的家庭派对。就在这时，我接到了CNN的来电，邀请我去做客CNN第二天一早的节目。我很想答应，但我实在是累到没有力气了——为了竞选，我已经努力工作了太久，现在我只想回到家庭，和丈夫、儿子在一起待一会。于是我婉拒了CNN。第二天一早，当我在喝早茶的时候，打开电视看看我错过了什么。然后我在电视上看到了加比·吉弗兹。这应该是我第一次关注她——那么温暖的微笑、那么充满智慧和同理心的眼神。像我一样，她也是在她的选区内刚刚赢得"红变蓝运动"胜利，成为众议院的一名新人。我真的等不及了想去见见她——我们身上有太多的共同点，虽然很明显她比我坚强得多。我现在穿着卫裤窝在沙发里看电视，然而她却继续在镜头面前，信心满满，毫无倦色，泰然自若。

第 4 章

我见过的最佳说客，
竟是一名 12 岁萝莉

乔丹森的生活变得一片混乱。谁愿意放弃自己的长期规划，去迁就另外一个人的梦想呢？

那种尴尬想想都让人犯怵，就像是你来到一个新公司，第一天上班就走到老板办公室说，"嘿，我不同意你对公司做出的商业计划。"

"我这条腿是为国家丢的。每天我安上假肢，都安上一次爱国主义。可是国家咋就不爱我呢？"

有时候，你需要的只是大胆说出诉求，然后把剩下的事情都交给这个世界。你只需要找到一个对的人，对你倾听、关注、然后给予有效帮助即可。

2006 年的中期选举结束后，意味着民主党作为众议院多数党，重新取得众议院控制权，南希·配洛奇成为了众议院议长[1]，众议院的规则被重新制定——之前国会只需要每周碰面三天，而现在需要每周碰面五天。这也就意味着我的家庭计划被全盘打乱：除了"每周二的一早前去华盛顿，周四的晚上回家"这两项计划不用动之外，其他的全部面临调整。对此，我刚开始稍微有点抓狂，因为想多一点时间能陪家人。但我天生就是个把折磨当历练的家伙，再大的混乱和调整对我来说也不会有大碍。但乔丹森就不一样了。他喜欢有条理，讲究长期规划。在我竞选期间，乔丹森在华盛顿并没有工作，而当时我们都天真地觉得，无论竞选的结果输赢，我们的家庭计划都不会受到影响。西奥有他外婆去带，也不算是什么大事。但事实证明，这些确实是大事——乔丹森的生活变得一片混乱。谁愿意放弃自己的长期规划，去迁就另外一个人的梦想呢？

此外，还有两件事搅得我们心神不宁。其一，当我作为新议员来到华盛顿的时候，面临的一件大事就是参与推选众议院的多数党领袖。南希当选为众议院议长，这已是不争的事实。于是，宾夕法尼亚州州议员约翰·穆尔莎，以及马里兰州州议员斯坦利·霍耶，都希望成为南希的"第

二代言人 [2]”。其中，霍耶在我竞选众议员的时候，还来到我的选区帮我拉票助选。拉姆在最后时刻曾打电话跟他说，能否请他周日飞到纽约州，为另一位新议员助选。霍耶婉约谢绝说："很荣幸您能信得过我，但我要先看一眼自己的日程表，恐怕已经满了。"

拉姆说："我就是你的日程表！好，很好——你周日没事了。"于是霍耶怒了。

霍耶赢得了奥尔巴尼的心，也为我拉了不少选票。在他走之前，他跟我说："我知道你会赢，柯尔斯顿。如果你赢了，能否支持我成为多数党领袖？"

"必须啊！"我说，"我保证支持你！"

现在，我正在酒店的房间里。这是我来华盛顿的第一个星期，已经被马克杯、酒、书、巧克力这样的小礼物包围了——它们有来自霍耶派的，有来自穆尔莎派的。我的麻烦来了——事实上，南希希望穆尔莎担任多数党领袖。这也就是说，我来众议院工作的第一天，我就要走进议长办公室，跟她说"我不会和您投一样的票"。那种尴尬想想都让人犯怵，就像是你来到一个新公司，第一天上班就走到老板办公室说："嘿，我不同意你对公司做出的商业计划。"

意料之中的，南希打电话给我，让我去她办公室一趟。在那间挤满了文件和工作人员的议长办公室，南希跟我说，如果穆尔莎当选多数党领袖会有多么合适，而她也希望我的这一票可以投给穆尔莎。但我听完了说："议长女士，我非常敬佩您，也非常支持您能当选议长，您绝对是众志归一的不二人选。但是在多数党领袖的这件事上，我支持霍耶。"

南希听我说完这句话，脸在一瞬间变了好几个颜色！我这才意识到，自己急需补充政治上的说话技巧了……

而来华盛顿第一周遭遇的第二件大事更让我觉得压力山大，昏天黑地。我坐在议会大厅里，参加一个新议员报道会——我以为会讲一些众议院的基本情况，比如内部电脑系统怎么用，卫生间在哪儿之类的说明。结果，我听到的是一个老议员在掏心掏肺地跟我们讲，他在华盛顿干了几十年众议员的切身感受。在参加这个报道会的时候，我本来情绪就不算太好——乔丹森和西奥，还有我爸一起去维尔京群岛度假了。度假计划在我当选之前就定了，当时谁也没想到我这周还会蛋疼地待在华盛顿。而在前一晚，我参加了一个鸡尾酒会，整整站了一个晚上，没有任何人跟我说一句话，而我也没有任何认识的人能够说话。担任议员一周，我在华盛顿感到彻骨的孤独。现在，这位老议员又在说："我在国会干了几十年，目睹了大部分议员的婚姻都是以离婚收场。我们之中的大部分议员——他们的孩子不和他们说话，甚至恨他们。"整个会场立马鸦雀无声。"在座各位，你们现在是各自家庭中，唯一能保护他们的人。也就是说，当你面对日程表的时候，请不要忘记你的家庭。你们即将面对的，是一个站在自己面前的22岁调度员，工作就是负责提醒你每天每分钟的工作安排，同时保护你的家庭。除此之外再无他人。我不希望过几年见到各位的时候，发现大家都在政治上前途似锦，但是家庭支离破碎。"而对我而言，这也是我在进入国会后，学到的最重要的一条忠告。

因此，我决定遵循自己的价值观来安排工作生活——我必须想办法在不耽误议会工作的同时，保护我年轻的小家。同时，我还希望一切公开透明，把我的专项拨款请求、公共会议、个人财政收入全部在网上公布。任何人都可以通过谷歌，随时查询这些信息。为什么我的议员工作不能向公众公开呢？能有啥见不得人的事？

我的办公室主任 [3] 杰斯·法斯勒尔，听到我这个大胆的念头吓了一跳，觉得我简直是疯了，担心信息公开会引发不必要的麻烦，让别有用心的人抓住把柄对我不利。"绝对不能网上信息公开，"杰斯说，"没有哪个美国众议员会这么干！"

"那我干，"我说，"如果众议员不能接受被公众'众议'，那干脆就别当这'众议员'了。"

所以我制定了"阳光计划"，把我的公共会议全部放到网上，每日更新，让选民知道我每日见了哪些人、听取了哪些意见。我的议员同事们对此不屑一顾，甚至嗤之以鼻。有一位在议会大厅碰到我，还跟我开玩笑说："哎哟喂，我现在跟您在议会大厅对话。这算不算是公共会议呢？您是不是也把谈话内容放到网上去？"对这种挑衅，我的态度是置之不理，接着干我的——因为我知道我在做一件正确的事情。后来，《纽约时报》称我的这项举措为"一次不动声色的改革"。没过两年，众议院议长南希就要求每位议员必须把自己的工作汇报进行网上公示。

当了议员之后，我才发现之前我对众议员的理解都是错的。开始我觉得议员的工作内容充满变数——我要花费大量的时间研究外交政策，为争取能源自主性查询数据……只有把自己变成大百科全书那样的"知识库"，才能在辩论中游刃有余，赢得议案通过。但是我迅速发现，代表公众意愿，才是众议员最基本的工作。众议员首要的基本功就是"倾听"和"关怀"，然后法律、事实、数据等等才能在议题中发挥作用。

我决定把办公地点不仅仅止步于传统的市政厅，我需要下基层——去杂货铺、咖啡厅、农场……倾听那些不太有机会接触议员的百姓的声音。在 2008 年年初，一次在花卉园区的经历让我记忆犹新。当时，我去了我所在选区北部，位于格伦峡谷附近的一个花卉园区。绕过遍地的碎土、菊花和幼苗，我说："乡亲们大家好，我是你们的新议员柯尔斯顿·吉尔布兰德。今天来到这里就是来听听你们的想法，大家可以畅所欲言。"

大概有 25 个人聚了过来，跟我谈论他们关心的议题。有些人担心经济形势，有些人担心伊拉克问题，还有一些抱怨华盛顿的总体制度。我对他们的担忧一一做了笔记，然后尽可能解释说，国家在伊拉克问题上的态度是怎样的，国家也知道现在经济大环境不好，华盛顿的一些制度是有不足之处……当人们渐渐散去的时候，有两个三十多岁的女人向我走了过来。

两个女人都怯生生的，看上去很紧张。其中一个眼圈还红了，跟我说："吉尔布兰德女士，我因为领取了儿童抚养补贴金[4]，刚刚收到一张政府税单，说这笔补贴金也需要纳 25 美元的税。"她注意了一下我脸上的表情，又接着说，"25 美元对您来讲也许不算什么，但对我来说非常重要——这笔钱够我的三个男孩整整一周的午餐费了。"她的声音越来越大，充满了愤怒，"我不知道政府为什么连这笔补贴金也要收税！议员女士，求您帮忙做点什么。我实在觉得这个税不公平，而且我的经济能力也确实交不起这么多钱。"

我自己都不知道，我听完她的哭诉竟然出奇的平静。这件事很糟糕，但我不确定自己能改变什么。"这确实太过分了，"我终于说，"让我帮您想想，能做些什么。我保证给您一个答复。"

而这还不够，这两个女人并不满足于这个回答。那个刚才告诉我这番遭遇的女人对我赋予了太多信任，她跟我说了她的担忧和顾虑。我能感到这个母亲的愤怒，甚至是感同身受，但是我真的不确定自己能改变什么。我让那个母亲把她的名字写在纸上，然后我把纸条塞进了钱包。我需要为她，还有很多像她这样类似遭遇的母亲想一个办法。而这就是我作为众议员的职责所在，对吗？

晚上回到家，刚一见到乔丹森我就忍不住说了在花卉园区的事。那张 25 美元的税单，那个拉扯三个男孩的可怜母亲，一直在我的脑海里。于是，当我进入参议员，提请的第一个议题就是减免儿童抚养补贴金方面不必要的税收（也就是那 25 美元）。连儿童抚养补贴的钱都要征税，向那些最需要这笔援助金的人们征税，还有比这更蠢的福利做法吗？对于政府削减食品救济券的政策，我直到现在依然在为此抗争。每当听到有母亲或孩子吃不上饭，我心里充满愤怒——我们这个世界上最富足的国家，怎么能连让孩子吃饱饭的钱都没有？！这一年的食品救济券减免议案，已经让纽约 30 万个需要帮助的家庭，每个月又少了 90 美元的补贴。我们的领导想的事情都太大了，这些事情太小了，顾不上。基本上没有人会为了这些食品救济券而游说奔波——因为事情的受益方既没钱也没权。这个扭曲的逻辑让人痛心。

请相信我，你的事情值得关注。要敢于说出自己的诉求，它们总有一天会传到正确的耳朵里，被引起重视。有一次，一个退伍老兵找到我，他在越战中失去了一条腿。这个老兵对我说："我这条腿是为国家丢的。每天我安上假肢，就安上一次爱国主义。可是国家咋就不爱我呢？"我一直想着这个老兵的这句话，直到他拿到了退伍军人管理局发放的6万美元补助。这件事引发了我对美国退伍军人管理局补助政策的关注。

除了走基层，我还找机会和市长、教会领袖、社会活动家、慈善家、社区领导坐在一起，群策群议。"现在国家的经济形势并不好，有更多的孩子需要食品救济，但是我们能提供的粮食却越来越少。您能帮帮忙？"或者是，"我的教会现在每天给那些高危青年在放学后提供收留计划，但是已经入不敷出了。您能否向联邦提议，申请一些扶持基金？"当人们发出了自己的声音，他们也给了领导们一个实实在在可以助人的机会。

当我开始了议员的工作，我的日程表就被这样的声音所埋没。好的想法并不产自华盛顿，而来源于基层——那些真正愿意告诉你他们的诉求和经历的公民。在我任期一年之后，我遇到了一位名叫凯特·米勒的女人，她的儿子科迪刚刚自杀了。凯特坐在我办公室的蓝色沙发上，带着她所有的尊严、伤心和愤怒，告诉我，她的儿子只是吃了一些普通抗敏药，结果药物导致抑郁情绪，最终自杀，抛下亲生母亲，从此阴阳两隔。

我的脑海里瞬间闪现出来西奥。我希望安慰这位中年丧子的母亲，然而最后我只是静静地和她一起流泪，分担她心里巨大的痛苦。我不知道亲生儿子自杀，对于一个母亲来讲会是多么大的打击。而这位母亲的前来，只是不希望他儿子的悲剧再次上演，能让政府采取相关措施，让药品政策漏洞得到修补。

凯特希望能够呼吁 FDA[5] 能否在药品说明中明确标注，哪些药物容易诱发抑郁情绪，特别是诱发儿童抑郁症。我对此百分百地赞同。玛雅·安吉洛[6]在《我知道笼中鸟为何歌唱》[7]一书中写道："一个人也许会忘记你对他说过什么、做过什么，但一定忘不了你给他带来过什么感受。"对此，我深表赞同。

很多女性朋友开始过来找我——年轻的母亲们希望帮她们的孩子解决问题，不再让类似的悲剧在他们孩子身上重演。有时候我会见到那些小孩子本人，而我想说的是，我遇到的最强说客，不是政治家，而是一个 12 岁的小萝莉。在一个周六的清晨，我在一个百吉饼店遇到了一群带着女儿的妈妈团。她们的女儿都是 1 型糖尿病患者[8]，在人群中显得少言寡语——这些患糖尿病的小姑娘无需开口，你就感受到一种坚强和忍耐。她们把胰岛素监视器穿在自己的校服、足球服甚至是晚礼服里边，泰然自若。而她们的母亲告诉我说：

"我的女儿每隔几个小时，就要在大腿上注射一次胰岛素。"

"我女儿 16 岁了，每当她和朋友们晚上出去，我都暗暗祈祷，她千万记得要按时量血糖。"

你的办公桌上可能堆满了像小山那么高的材料，但绝没有亲自接触一个真实的生命体，听她讲自己经历的那种震撼力。在此之前，我当然知道 1 型糖尿病，但这个概念在脑子中是抽象的，不带任何感情的。现在当我再想起 1 型糖尿病，我会想起那几张小姑娘的脸。

有时候，你需要的只是大胆说出诉求，然后把剩下的事情都交给这个世界。你可以想象一个被侧拉式婴儿床 [9] 卡住、在熟睡中窒息致死的婴儿。你可以想象这些抱着死婴的爸妈失声痛哭，诉说他家的宝宝是怎么被卡死的。当他们提出诉求，你义无反顾地希望帮助他们。我曾目睹了整整一屋子因此痛失宝宝的父母，他们拿着宝宝被卡死的照片，有些还握着死去宝宝的手。当一个正常人听了他们的故事，又怎能不产生一丝同情和悲悯，想起帮助他们，避免更多类似的悲剧？在那个下午，我接见了这些父母，开始商讨"侧拉式婴儿床禁售及召回议案"。在九个月之后，侧拉式婴儿床在美国被全面禁售并召回。

在众议员任期的第一年，当我开始在议会中悟出门道，我也发现我需要把这种工作中的耐心倾听用到家庭中。我们搬到华盛顿的举措，让我和我的婚姻一度举步维艰。我当选了众议员，但是乔丹森一直没在华盛顿找到新工作。面临一个全新的城市，我们又带着一个孩子，生活可想而知。我们经常在争吵之后想同一个问题——到底哪儿出了问题？百思不得其解。

乔丹森跟我说："我在华盛顿没有工作。我讨厌这里。"

乔丹森说的没错。我们住在一个几近无聊的郊区，每天的时间除了上班，就是花在了上下班开车的路上，人都快麻木了。我和乔丹森必须要想想办法了。之前我们约定每周都找一个晚上出去约个会，像情侣那样说一说想说的话,然后听一听对方的心事(我们现在每周六依然保持着这个习惯。)但是当你搬入一个新的城市,一切全都乱套了——我们连去哪里找一个合适的保姆都费尽了心思,更别提其他的了。我们在工作中都知道人与人交往需要耐心、谦逊、倾听、君子和而不同……但是把这种耐心放到家人身上,其实非常难。最终我们从阿林顿搬到了国会山,问题终于得到解决——乔丹森在这里找到了喜欢的工作,而我也开始融入华盛顿的圈子,结交新朋友。我们又在晚上开起了派对,甚至布里茨也会过来,乔丹森特别欣赏他,开心得不得了。而更让人小庆幸的是,我们终于回归了正常生活。从华盛顿到波士顿的奔波从一周一次减少到一月一次,西奥开始歪歪扭扭地学着玩儿童棒球和足球,而我也开始把夫君乔丹森放在眉间心上。

经营婚姻并非易事,日子越忙就越觉得婚姻不易。如果你有个小孩,你就很自然地知道孩子需要你养活,孩子离不开你;但如果你有了丈夫呢?你大概会觉得他这么大人了当然会自己照顾自己。于是在婚姻中,孩子变成了主位,夫妻关系倒变成了次位。然后日复一日,年复一年,双方新的感情累积越来越少,一直在消耗曾经的感情积淀。我知道我们都需要对方,都说日久生情,可日子久了,反而生不出情话了。我们似乎都一肚子委屈,感情就这么一点点消磨。于是我开始让自己遵守一个原则,爱人如己——像自己期待对方如何爱自己一样地爱对方。比如,如果我渴望被温柔以待,那我就首先温柔地对待乔丹森。大多数时候,爱人如己会得到回报。

我们来华盛顿的第一个夏天,我还天天在议会忙活。乔丹森对此愤愤不平，终于有一天的晚上爆发了。"我们没能有更多的孩子，就是因为你这么天天忙！"乔丹森意识到这有点不公平，但这确实是一个合理请求。像很多夫妇双方各有事业的家庭一样，我们也为生个二胎的事情考虑了很多因素。年龄和各处奔波确实是首要因素，但从内心来讲，我也一直想再要一个小孩，只是苦于每天的工作表已经让我焦头烂额。"亲爱的，那我们一起愉快地造人好不好？"我跟乔丹森说。于是，我们算了一下生理周期（一个英国丈夫真的会安排好所有细节），算准日子在乔治湖畔安排了假期，准备开始我们的完美造人计划。几天的假期归来之后，我成功地怀上了老二亨利。

在工作中，我的话语权也在慢慢提升。一开始的时候，议长南希把包括我在内的5名女性议员一起调到了众议院军事委员会。而在此之前，已经有几名女性议员被调到了这里。这也就意味着，众议院军事委员会的议员性别比重发生了巨大转变。在此之前，我们就对军备问题早有耳闻。传统意义来讲，军事预备讨论的焦点都围绕着我们需要新造多少飞机轮船，或是我们的军事能力在世界中的排名。然而，加比和我对军事预备问题有着另一种解读——我们的军人是否从心理和生理上都做好了战斗预备？

加比所在选区的一名医生说，他相信70%的美国军人在重新投入战斗的时候并没有做好心理准备。这些军人需要接受更多的PTSD[10]治疗，或更长的家庭疗养时间。加比以这些医学观察为基础，对美国军方发出质询——军事预备问题不仅仅指的是飞机大炮这些武器，我们是否应该更多地关注军人本身是否从生理和心理都准备好了。当加比对此项议题进行议会辩论的立论时，我在心里默念，真是谢天谢地，终于有人敢于提出了这一点。当轮到我进行陈词时，我举出了大量论据——美国军人居高不下的离婚率、自杀率和家庭暴力发生频率。在总结陈词中我们提出，一个做好战备的军队，一定是由做好战备的军人构成。我们需要更多地关注军人的生理和心理健康。

我知道，想要发出自己的声音、说服别人并非易事。在议会的这些年，我总结了一些亲身经验，可以和大家分享。

一，及时大胆地说出你的故事。控制情绪、喜怒不形于色固然在很多情况下是件好事，但是当你需要得到别人的倾听、关注和认同时，大胆地学会运用自己的情绪，戳中人心。记住，情绪本身是一种力量。

二，相信更多的人在乎你的观点。的确，无论是在华盛顿还是在这世界上的任何地方，我们都有理由相信，总有那么多高冷傲娇、漠不关心的人。但事实上，人们其实比你想象的要在乎你的观点。在我的议会办公室，或是任何一间美国国会议员的办公室，我们每天都为每一个来电做着记录，我们都很想知道选民们的所忧所虑。有一点经验一定要分享，就是你真的不必说服每一个人，让那些犬儒主义的家伙继续生活在他们的小世界里就好了。你只需要找到一个对的人，对你倾听、关注，然后给予有效帮助即可。

三，坚持不懈。相信精诚所至，金石为开。一次电话不行就再打一次，一次邮件石沉大海就再接着发一次。哪怕在议会大厅苦等三个小时，只为了和对方有一次两分钟的面对面对话，只要对方是能帮助你的关键人物，这一切等待就都值得。上文提到的那些带着患有 1 型糖尿病女儿的妈妈们，就是努力了 9 个月才争取到那次面谈机会。坚韧不拔的人永远受人尊敬，这是人类的共性。

四，充分地利用平台的力量。利用什么样的平台才能更有力地发出声音、拥有自己的话语权呢？如果自己登不上《纽约时报》的"观点"专栏，说出来的话还有人听吗？我想说的是，写好每一句话，不轻视每一个小平台，就可能有大惊喜。你知道你写的文章甚至是推特，会被哪个编辑看过了？给自己一点点耐心和时间，哪怕暂时的结果很傻很囧，也不要丧失信心。说出你的想法，是至关重要的第一步。

我从不害怕和人说话——无论对面坐着囧司徒[11]还是芭芭拉·沃尔特斯[12]，我都能泰然自若——但是有一种人除外：总统。只要一和总统说话，我就开始紧张（当然，我在和 Tina Fey 说话的时候也会紧张，那纯属小女生的偶像情怀）。在国会的这些年里，我和时任总统小布什、前总统克林顿以及现任总统奥巴马都有过对话。哪怕只有一两分钟的时间，我也要充分利用，抓住重点。并不是每次都能成功。比如，当我第一次遇到小布什的时候，我好像一下子找不到话题，只是怔怔地说总统先生辛苦了。当我第一次遇到克林顿总统的时候，是在一次为他进行政治筹款的现场，我一下子脸色通红，只说出我非常钦佩他的领导能力，拥护他的政治主张。但当我开始走入政界，我和总统的对话就变得更加切中要害，但凡我能有机会和克林顿对话，哪怕只有一分钟，我都会抓住要害，请求他的帮助。有时候，总统先生一次十分钟的驻足和对话就可以逆转整个事件！这么做有点厚脸皮，但是很有效。

作为现任参议员，我已经学会了如何抓住每一秒钟，有效地和总统进行对话。但凡总统有时间听我说话，我都会尽自己的义务，为选民争取权益。现在每次我去见奥巴马总统的时候，都带着议题使命——我也知道，奥巴马最不想听的就是这些。但如果我每次都拣奥巴马爱听的说，议员的身份也就失去价值了。议员就是人民公仆，每次能见到总统、争取到总统帮助的机会绝不容错过。

和总统说话也是有技巧的。每次"偶然"见到总统之前，我心里边都备好了好几套方案——如果我有 30 秒的时间，我就说方案 A；如果我有 1 分钟的时间，我就说方案 B；如果我有 2 分钟的时间，我就可以说方案 C。每次总统来到议员们的核心会议，我知道该如何抓住机会举手提问。无数次从人群中挤过去和总统说一句话，无数次感到自己肩负着巨大的压力，但我知道这些话的重要性。人们向我倾诉自己的遭遇和故事，是带着莫大的信任的。而我的工作就是做一个导管，去向政府传达这些民生问题。

并不是每次和总统沟通都会成功，我也有过非常囧的失败经历。比如在 2010 年，白宫举办平安夜派对，恰好第二天就要进行 9·11 事件医疗议案的投票表决——这个议案日夜牵动着我的心，一股心中无法按捺的正义和愤怒，让我不惜一切代价地为之努力。我答应过事件中的第一个受害者和他的家人，一定想尽一切办法帮助他们。所以，当我身着蓝色的抹胸晚礼服，站在看不到尽头的长队里，祝贺奥巴马总统圣诞节快乐。乔丹森并没来——他不喜欢工作派对（虽然他很喜欢国会议员的家属们，而家属们也非常喜欢他。）所以那一晚，我的搭档是杰斯。

我和杰斯决定，借着能和奥巴马说话的机会，趁机提起 9·11 事件医疗议案的事。

在我和杰斯排着队等着和奥巴马说平安夜快乐的时候，我心里也犯起了嘀咕——这样好吗？连总统在平安夜30秒的祝福时间都不放过，是不是太过分了？

"你觉得咱们提议案的事儿，合适吗？"

"怎么不合适，柯尔斯顿，你应该说。"杰斯跟我说。

"我想让总统打电话听一下参议员恩兹的意见——他也一直支持这个议案。"

"好想法。"

"我这么做会不会有点过分？"我再次陷入顾虑。

"我不知道。"杰斯坦言。

"算了，死马当活马医吧。"

"没问题。"

终于轮到我们了。我们的白宫男主人身着一件无尾半正式燕尾服，女主人米歇尔·奥巴马一身红色大摆礼服裙，一如既往的精致。我甚至没来得及给奥巴马说一句"圣诞快乐"的时间，就像机关枪一样"突突突"说了一弹匣子的话："总统先生，我一直在为9·11医疗议案的事情奔波，现在真的非常需要您的帮助，您能否给参议员恩兹打个电话……"

奥巴马挤出一脸困茫的微笑。

"柯尔斯顿……柯尔斯顿……节日快乐！"奥巴马的身体语言敦促我把话停下来。

接下来的一秒，我和杰斯和奥巴马夫妇合了一张影。再然后，我和奥巴马的这次会面就结束了。这张合影我至今仍放在办公室。杰斯的表情微囧，而我双颊通红——我一紧张就脸红。但至少，我尽了自己最大的努力。下次再面见奥巴马，我依然会"死马当活马医"。

直至今日我依然如此。我致电奥巴马，整整说了十分钟美国军队性侵的议案。奥巴马并没想到我能在电话里讲这么长的时间，而且句句切中要害。奥巴马没有挂断电话，而我趁着他态度缓和下来，趁热打铁地讲了军队性侵的一个事件，并希望他能抽出 5 分钟宝贵时间，见当事人和她的丈夫一面。我感到奥巴马被说动了（这是一种第六感，来源于我小时候和我爸的家庭辩论）。我能估摸这次和奥巴马的通话还有最后 15 秒钟，于是加紧在末尾强调，国防部全体陪审团中，所有在部队服役的女性陪审员，都完全支持我的议案。

如果你的议案让一些人感到攻击性十足，事情就不会太好办。但是很多情况下这不可避免——特别是涉及到道德议题，比如"不问不说"废止令，当时就让很多人感到不爽。再比如粮食和温饱问题，现在也让很多人有抵触心理——整个议题都触碰到大家神经。改变二字，说来容易做来难。当人们觉得自身利益受到威胁，就会进行反扑。马拉拉·尤素福[13]之所以遭到塔利班暗杀，就是因为她一直为女性争取接受教育的权利。她的话语至今依然掷地有声："我提高我的声音，不是为了吼叫，而是为了让那些没出声的人听到。"[14]

也许你无法逆转乾坤，但是你的声音至少提供了改变的可能性——对此，我深信不疑。

第 5 章

混进美国国会的年轻辣妈

那时我根本没意识到，我其实已即将临盆——在当夜凌晨两点，我的羊水破了。

每个当了妈的职业女性都像是柔术大师，能同时应对各种挑战。

我的世界只剩下了一个半径一英里的圆——众议院上班，然后去日托所给孩子喂奶。

她害怕变老，害怕生病，害怕有一天她干不动了会再无生活来源，老无所依。而她话音刚落，我听到议员席有声音传来，"奥巴马总统，我赞同提高联邦最低工资标准。"

　　今年年初，我走进小儿子亨利的幼儿园。亨利有个玩得很好的小伙伴尼克，他的母亲朱莉跟我说："快去看看你家宝贝的微笑计划，真羡慕你啊！"原来，幼儿园的小朋友们有一项游戏任务——写出什么会让你微笑？尼克的答案很抽象："大笑。"而亨利在卡片上的答案很有趣："我妈咪。"看到这个答案，我心里乐开了花。作为一个年轻的母亲，我似乎真是太需要这个答案了。但如果你问一个母亲，你是怎么做到？十之八九，她的答案（如果有答案的话）都是神秘的四个字："团结一致。"

　　和很多美国家庭一样，我的日常家庭生活就是一出情景喜剧。早晨6时至6时30之间，亨利一定会爬进我的卧室，跳到我的床上闹我起床。而我几乎每天早晨都是挣扎着爬起来，睡眼惺忪地给两个小家伙做早餐；让他俩看一会儿动漫，然后我利用这个时间抓紧准备他俩的午饭便当；把要洗的衣服扔进洗衣机，要洗的盘子放入洗碗机；检查下他俩的作业是不是写完装在书包里了——如果没有，我还要一边穿衣服一边变成大嗓门的欧巴桑，催他俩快点……再然后，当我刚要开始大部分女人视为"一半事业"的重要任务——梳妆打扮时，往往惊奇地发现已经早晨八点了。于是一嗓子吼道："要！迟！到！了！快！走！"西奥喜欢早点到学校，但每每这时,我才再次惊奇地发现一个小家伙（有时候是两个）忘了刷牙,另一个的外套没拿。我只好再次上演欧巴桑的角色大吼他们快点,西奥总是一脸黑线:"麻麻[1],为什么每次都搞得我俩迟到？！"这就是我的生活——一个五岁的小家伙,一个十岁的小家伙;丈夫周一到周五都在纽约州上班,我一个人在华盛顿边工作边带孩子。几乎没有同事知道我如何做到这个高难度的"平衡"。他们一般只看到我晚上跟两个宝贝一起腻歪的幸福场景,但如果他们真的看到所有台前幕后,一定和小伙伴们都惊呆了。

在美国,有很多人像我一样过着"超人"的日子——我能在 22 分钟之内,完成从单位开车出发、赶到小学接孩子、送孩子去足球场,然后再"嗖"地开车折回单位的全套过程（如果能够赶上一路绿灯）。熟悉我的人都知道,我家的家庭晚餐经常是在汽车后座上解决——两个孩子一人一份汉堡或披萨,就算 OK 了。（因为这是唯一一种能准时把一个小家伙送去上钢琴课,然后把另一个送去打棒球比赛,同时还能让两个小家伙有时间吃晚饭的解决方式。）每天的日子就像是玩杂耍,而我真正意识到这种生活的来临,是在 2005 年 5 月 15 日。那天,我挺着个大肚子,已经在预产期内,却在众议院军事委员会的会议大厅里直直地坐了 12 个小时——这是众议院的年度立法大会,我实在不想错过。结果会议刚开始就感到不适,疼痛如波涛汹涌般袭来,我一直深呼吸,期待着能够缓和一点。趁着晚餐的空档,我甚至还咬着牙顺路拜访了一位希拉里的筹款人。那时我根本没意识到,我其实已即将临盆——在当夜凌晨两点,我的羊水破了。

第二天，西奥来到医院看我。我刚刚做完剖腹产，筋疲力尽。四岁半的西奥穿着一件蓝白相间的橄榄球衣，一张粉嘟嘟的小脸，已经有了做哥哥的样子——会把刚出生的小弟弟亨利抱在膝盖上玩了。我几乎喜极而泣——我们终于有了一个四口之家。几个小时之后，我穿着睡衣躺在医院床上，一位上将前来看我（亨利出生在一个部队医院，恰好在这位上将的管辖内）。家庭和工作关系被搅到了一起，我有一些讪讪的。脸上挂着微笑，感谢上将和他的工作人员前来看望，然后屏着呼吸目送他离开。

不久之后，我出院回家，开始用婴儿床推着亨利在林肯公园散步。我们在宪法大道租了房子，离林肯公园只隔几个街区，我妈、我爸、格温阿姨（我爸的现任妻子），都来看我。公公婆婆从伦敦赶来，小住了两个月看望小孙子。而我的每日计划也因为老二亨利的出生被彻底打乱——亨利每天凌晨五点准时饿醒，我给他喂完奶哄他接着睡觉，也就到了要给西奥做早点的时间了。我已经把自己的工作量降到最低（议员的工作可以自己做主），但是不忘每天打电话询问进度。在我小时候，每次我们家庭旅行的时候，我妈就会每天下午五点钟准时给她的秘书打电话，询问今天的邮件和工作进展。于是，我也继承了这一招。如果我不能和我的办公室保持密切联系，我会有一种生活失控的感觉。

在亨利出生的三个半星期之后，我开始重新关注国会的议题和投票，包括9·11事件第一受害人议案、农场法案、阿富汗议案，以及失业保险议案。在当时，我对脑子里同时想着美国外交政策、牛奶价格还有亨利的小睡时间安排，并不觉得奇怪。每个当了妈的职业女性都像是柔术大师，能同时应对各种挑战。事实上，也正是出于这个原因，我打算休完产假回到国会大厦上班的时候，也把亨利带过去——迫不及待地要在同事们面前晒一下我家漂亮的老二。我的几个好朋友——佛罗里达州的两位议员黛比和凯西、亚利桑大州议员加比，还有其他几个女性朋友，一下子呼啦啦地围了上来，还有几个年轻的男同事也拥了上来，热烈欢迎我的回归。不过显然他们还不太熟练欢迎一个抱着孩子来议会上班的辣妈，一下子不知如何是好，只能一遍遍地跟我说："干得漂亮！"而当接下来在国会中讨论、投票的时候，亨利早就听着这些"政论安眠曲"睡着了。而我担心的只有一点——老天保佑，这小祖宗不要尿一地或者尿我身上……（比起今天我穿了什么衣服，我更在乎今天亨利的表现如何。）然后，我从右侧过道走过去，向议长南希申请了 1 分钟发言时间。我感谢了我的同事和选民对我的支持，同时也借此机会向大家介绍了亨利。这对我个人而言是个非常重要的时刻，但我知道它同时也具有标志性意义——我面向我们国家 435 位议员传达了一个非常明确的信息："看见没？一个年轻辣妈在国会中也可以是这个样子！"我相夫教子，同时依然有自己的事业。我们都知道，个人即是政治。我希望我的同事看到，我将以一个年轻妈妈兼工作女性的双重角色，更好地代表我的选区，服务我们的国家。和他们之中的大多数人相比，我会多了一层看待社会的视角——这层新视角很好，也很重要。

投票之后，我抱着亨利回到了国会的女性休息室。休息室里边有卫生间，有专门打电话用的桌子，有配备毛毯用来小睡的休息室，还有女议员们用来开小组会议的专用空间。在国会大厦中，其实到处充满着历史——我们休息室的那张沙发，约翰·昆西·亚当斯[2]就曾经躺在上面离开了人世。但现在，这里已经成了我这个刚生完孩子的辣妈给孩子喂奶、晒宝贝照片、听议员女同胞们跟我传授育儿经的地方。我当时的同事苏珊，每次都吵着要见小亨利。只要我路过她的办公室，都要进去跟她说两句再走。后来我当了参议员，和她的办公室离得远了，碰面的机会也比之前少了很多。尽管如此，苏珊还是每次都惦记着小亨利的生日，还把那张老大西奥抱着老二亨利的照片挂在了办公室一进门的地方。每次当我路过那张照片，第一反应当然是作为母亲发自肺腑的开心；但第二反应是：我们需要有更多的女议员，希望能在这里看到更多女议员的宝贝照片。

之后的几个月，我的生活有一点点不太寻常。在工作中，我们当时正继续伊拉克议题，探讨如何在保证美军士兵安全的基础上从伊拉克撤军。同时，民主党还一直在呼吁能源议案和农场议案的通过。作为我而言，我希望给奶农保留一张政策安全网，在牛奶收购价格远低于生产成本的时候，奶农们不至于赔得一无所有，失去自己的农场。但问题是，我在议会只是一个新人，人卑言轻，没有影响力。后来我和参议员帕特里克·莱希一起开会见过面，恰好他本人也是小型乳牛场的支持者。于是，我立刻联合他的一个筹款人一同起草了这份议案。现在想起来都有些不可思议，帕特里克其实已经知道了这个议题，并已经决定要保护这些奶农们。但作为一个新母亲和新议员，我还是显得太过着急，为了这件事几个晚上睡不好。

在众议院开会、投票、听证会的间隙，我还要想着照顾出世不久的小亨利。前三个月还好，每次都是拜托亲戚接他回家。从第四个月开始，我和乔丹森给亨利找了日托所，就在离众议院半英里的地方。每天早晨开车把亨利送到日托所门口的时候，我和乔丹森都跟打仗一样手忙脚乱——尿布片、柔湿巾、婴儿床干净的换洗床单、奶瓶……西奥也被托管在这里，早晨把他俩平安送到日托所，我和乔丹森刚要走，有时候两个小家伙一起嗷嗷大哭。等到晚上我来接他们了，他俩开心得不得了。我的世界只剩下了一个半径一英里的圆——众议院上班，然后去日托所给孩子喂奶。真是多亏这些便利的日托所，如果没有护理员帮忙精心照看，我早被照顾孩子的事拖垮了，根本不可能分身投入议会的工作。

晚上，家在众议院附近的议员们总会搞些社交活动，比如鸡尾酒募款派对之类。我顶多打个照面就溜出来赶回家。大部分情况下，我都是下午五点准时去日托所接两个孩子（如果我有需要当日毕的投票表决，乔丹森就会去接他们）。然后，我们一家四口在晚上 6 时 30 分左右吃晚饭，和孩子们一起玩一会儿，然后进入每日晚间流程——洗澡、讲故事、睡觉。哄完孩子睡觉，我自己也就睡了，然后每天夜里，每隔几个小时定时爬起来给孩子喂奶。我知道，很多人听了这个时间表都会是抓狂状态，但我当时也来不及想这么多。晚上家里很静，亨利的婴儿床和我的床就离着几步远。直至现在，当两个小家伙早晨起来钻进我的被子闹我，跟我说做噩梦了的时候，我也不会显出丝毫的不耐烦。我很感恩能和他们在一起的时光。每当早晨把两个小家伙送到学校之后，我都在想，他们一定有时非常需要我，而我那时正在办公室或出差，无法在他们最需要我的时候出现。

当孩子们需要我的时候，我希望我能在。但我也知道，家庭工作难两全，此事古难全。

在美国，近来我们一直陷入一个永无休止的争论——女性是否能"拥有一切"（have it all）。在我看来，这个论题本身就是一场巨大的荒谬，原因如下：

首先，对于几乎所有做了母亲的女性而言，挣钱是一个必选项，而不是一个可选项。女性工作是为了挣钱养活自己、养活孩子。至于"工作对女性来讲是一件可有可无的事情，除非你是追求经济安全的职场女强人"的观点，早已经被时代扔进了垃圾箱。

其二，"拥有"（have）这个词本身就非常不恰当。好像女性都贪得无厌，在公平分配的基础上，还想去多占多得一样。女性希望拥有工作的权利，这本身并不是贪得无厌，而是我们文明社会的最基础准则。每个政府都应该去保证它所有公民的权益，而不仅仅是男性公民的权利。女性要求工作权利，寻求在工作和家庭的兼顾，并非牝鸡司晨。

其三，我之所以反感"拥有一切"的说法，是因为它的潜台词就蕴含着对家庭主妇的轻蔑和不尊重——认为选择回归家庭的女性是不够丰富完整的，"相夫教子"并非"拥有一切"，必须要工作才代表着"拥有一切"。女性运动的主要目的之一，就是所有女性都享有自主选择生活方式的权利。没有任何一种选择应该被轻蔑，所有自主选择生活方式的女性都应获得平等尊重。

所以，请把"拥有一切"的说法扔进垃圾箱，开始启用"做到一切"

这四个字。旧的争论总是在"拥有一切"的问题上扯皮，让我们都忘了真正应该得到实际关注的问题——工作的母亲应该如何得到实际帮助，社会应如何使她们的经济安全得到保障，家庭和工作关系得到更好的平衡。都什么年代了，我们现在还要去争论"妇女是否应该享有工作权利"的议题吗？在 20 世纪 60 年代，只有 11% 的家庭是由单身母亲单独抚养孩子（小于十八岁）的；而现在，40% 的家庭都是由单身母亲挣钱养家，50% 的家庭是双职工家庭；只有 20% 的家庭只有父亲参加工作，母亲做家庭主妇照顾孩子。但不为我们所知的是，这一切都来源于就业政策的变化。

我们需要优化就业结构，更加反映当今时代需求——而我们太多当权者对此知之甚少。至今仍有很多当权者无法理解，女性用那么少的社会资源真的能养家糊口吗？家里如果没有全职太太做贤内助，日子该怎么过？我们需要共同作战，一起争取立法者和商业领导的支持配合。在各行各业，玻璃天花板效应从未消失过，而"胶粘地板效应"一直是职场女性的巨大困扰。现在，女性就业者已经占据了就业市场的半壁江山，在具有大学以上学历的就业者统计中，女性占比超过了一半。而当今的就业政策已经跟不上这些现实变化。在全球的发达国家中，我们是唯一一个不提供女性带薪产假的国家（请想想，甚至连阿富汗和巴基斯坦都有带薪产假）！我们这种就业制度的滞后，直接阻碍了美国经济进一步腾飞。女性需要话语权，需要更有力地发出自己的声音。如果一个民族把女性甩在身后不管。整个民族都会受到影响。

每天都有很多女性朋友问我，该如何协调家庭和工作的关系？我知道这个话题的用意，但相比较大部分工作女性来讲，我解决这个问题还是相对轻松。议会的工作时间灵活性很高，如果我有急事，可以立刻从办公室回家。如果我觉得有必要，把孩子带去上班都是可以的。（我的同事和工作人员也可以把孩子带去上班。）亨利就在我的办公室有一大盒彩笔，而西奥有一次发烧的时候，就躺在我办公室的沙发上看书、打电子游戏。结婚生子之后，我的日子确实更加繁杂，有时候因为家中急事也要取消一系列的会议，但我能协调好这一切。

然而，尽管我的时间有很大的灵活性和自主性，有时候还会犯难——现在我面临的最大挑战就是精力不足。白天在国会高度紧张地做议题、协商、游说沟通……遇上难啃的议题已经是身心俱疲。到了家还要花两到三个小时的时间陪两个孩子（我不想错过他们的成长），对了，乔丹森在周一到周五还要赶到另一个城市上班……

哄完两个孩子上床睡觉后，我才有时间处理洗碗、洗衣服这些家务活。要是亨利小朋友吃晚饭的时候不留神撒了一地，我还得把那块脏地板清洗干净。虽然确实快累成狗了，但还是打心底感谢两个小家伙的降生，他们让我的生活更有意义。如果赶上他俩一回家就嚷嚷“饿屎（死）了[3]”，我就要立刻变身为超级“煮妇”，十五分钟内搞定一份健康又营养的晚餐——牛排配花椰菜、火鸡汉堡配胡萝卜，或者是意大利面配土豆泥。有90%的几率，我的“十五分钟健康晚餐”是成功的，看着小家伙们吃得很香，我这个当娘亲的心里着实小庆幸。

当然，小庆幸常在，但是麻烦更常在。老大西奥很讨厌棒球训练迟到，但他的娘亲每天下午五点半投票结束后才能送他去训练，所以他不得不经常迟到。老二亨利对生活更敏感，也因此常发脾气。但我并不太会迂回战术。每当他赌气大叫"你真是世上最差劲的妈妈"，我经常会试着把他的状态反馈给他，让他知道自己在气头上是多么失望和困惑。这招数有时候奏效，但有时候也是徒劳。亨利会一脚踢中我的小腿（当然，是跆拳道里的招式）。在这时，我是应该责怪他的行为，还是应该引导他的情绪？我也拿不准，于是也会打电话给伊恩（我的育儿专家），或者向亨利学校的老师请教。当然这些外援做法都会有效，但我也会觉得自责，额这个当妈的都不知道自己在干什么。

在家里，我最不想干的活就是刷厕所。遇到这活儿基本上是能躲就躲，但是家里有两个男孩的两把"小水枪"，厕所是永远干净不了的（亨利小朋友表示"枪法"正在熟练中）。乔丹森最爱拿电影《捉鬼敢死队》的段子开玩笑，每当两个小家伙正在抢谁先撒尿，乔丹森就会 cosplay 电影里的桥段，大喊"不要越过小溪"！当然，这样的战局往往是变得更惨烈，不仅横扫整个厕所地板，连两个小家伙的手上都撒上了战利品——高乐氏。感谢上帝赐给了我两个小男孩，他们让我懂得谦卑。

自从亨利降生后，日子变了很多。在乔丹森开口跟我说"咱们应该想点辙了"（意思是我应该把疯狂的工作日程表稍微缓和一些）之前，小家伙亨利早已是行动派——每天晚上睡觉前都要粘着妈妈。他要求的"妈咪关怀时间"越多，我的生活工作平衡也就面临更大挑战。

如果赶上星期天还要有工作，那简直是厄运。就在前不久的一个周日，当我正在厨房，准备忙活完就开车狂飙到机场赶飞机时，下意识地叹了一口气。

"妈咪，你怎么了？"小家伙亨利立刻察觉到了。

"啊，没事情。妈咪今天只是不太想去上班。"我说。

小亨利拉了拉我的手，说："别担心，妈咪。所有的妈咪都要去工作的。"听到儿子说这句话，我几乎泪奔。我很骄傲，能有这样的一个儿子，理解工作是妈咪的一部分，很好，也很重要。

但我想说的是，大家不应该为我担心——我们应该需要担心的，是那些办公室大楼上夜班的清洁女工，是那些急诊室白班夜班轮岗的女护士，是那些在社会底层最辛苦劳作、拿着最低工资、依然生活在困窘之中的女性。我们应该需要担心的是像蒂凡尼·柯克这样的母亲，她在酒吧做女服务员，拿着每小时2.3美元的微薄薪水，要每天连续工作8到14个小时，再加上政府食品救济和当地收容所的帮助，蒂凡尼才能让自己嗷嗷待哺的孩子勉强糊口。为了少缴一点电费，蒂凡尼甚至把家里最基本的供电和电话都省了。尽管如此，像蒂凡尼这样的酒吧女服务员，面临的最大难题还是性骚扰。如果想保住饭碗，就得忍受客人的性骚扰，如果忍不了，那就挣不到钱。"被客人占便宜是家常便饭，因为他们知道，我们这些女服务员的基本收入主要靠客人小费。如果我拒绝他们的性骚扰，也就等于拒绝了我女儿今天的饭费。"

这些工作的母亲，需要的并非我们的同情和叹息——她们需要的我们切实的呼吁和帮助。一年半之前，我见过一个名叫劳里的母亲，她的女儿莉亚出了严重的车祸，双腿被车轮碾碎。劳里没有带薪事假，只能让她年迈的父母帮忙照顾双腿被碾碎的外孙女。另一名叫安布尔·迪克逊的母亲遭遇了类似的情况：为了让她的小孩不被饿死，能有衣可穿，有一檐栖身之所，安布尔在一家工资蛮高的工厂辛勤工作了 19 年。但她也为此付出了代价——在安布尔去新部门上班的第一天，她就被告知："我们之前从不招女职员。我们也从不回家照顾生病的孩子——所以我们在工厂直接设置了医务室和抢救室。"不久之后，安布尔正和几个同事在卡车上赶往另一个工地，结果接到紧急消息说她的儿子在学校生病了。这个可怜的母亲心急火燎地想去接儿子看病，但她等了整整五个小时，才有人准假，给了她一辆自行车，让她从工地骑回到单位，再自己开车带儿子去看病。

去年，我见过一个名叫卢西拉·拉米雷斯的大娘，她今年 55 岁，已经在华盛顿的火车站做了 20 年的清洁工，一直拿着联邦最低工资标准的薪水。卢西拉大娘没有任何福利保障：没有病假，没有年假，没有升职机会。每天，卢西拉大娘都掰着手指盼着退休的日子能来得快一些，但是退休时间还是被公司无限期地后延。直至现在，卢西拉大娘也只能拿到每小时 8.75 美元的工资。这份微薄的薪水让她如何糊口？如果按照联邦的最低工资标准（政府最低工资标准还要稍高一些），就算从不休息、从早忙到晚全勤工作，一周的收入也只有 290 美元，一年的全部收入也只有 15000 美元。试想，如果是我们自己，如何用这 15000 美元付整整一年的房租、房贷、买有安全保障的食物、能生病时付得起药费、冬天能缴得起取暖费？更别提把孩子的臭袜子丢给小时工，自己去看场电影放松一下了。这些根本就是奢望。在美国，拿着联邦最低工资标准的最底层工作者中，有 62% 是女性职工，而她们中很大部分都是单身母亲。

五月的时候，卢西拉大娘向我在国会大厦的几个同事致信。拿着最低工资标准的职工们并没有自己的代言人或联络机构，也不可能来到华盛顿上访（因为他们请不起事假）。更可悲的是，他们之中基本上没人会相信自己的上访和故事会起到作用。卢西拉大娘站在国会的麦克风之前发言时，显得非常紧张。她穿着一件深蓝色周日做礼拜用的外套，那应该是她最好的一件衣服了。整个房间鸦雀无声。卢西拉大娘说，她辛勤工作了一生，对她的工作非常感恩也非常开心，但她不知为何辛勤一生依然无法让她摆脱最低生活保障的贫困。她害怕变老，害怕生病，害怕有一天她干不动了会再无生活来源，老无所依。而就在她的话音刚落，我听到议员席有声音传来："奥巴马总统，我赞同提高联邦最低工资标准。"

这对大家都是好事。联邦最低工资标准提至 10.10 美元 / 小时，这也就让更多的钱能够用到最需要它们的人身上。自此，有 2800 万美国员工（包括 1500 万女性员工）能够在食品、保暖等基本生活方面有更多开支。

经济学家预估，此举将带动 220 亿美元的经济效应，带动更多的工作岗位。但是这项议题在国会中鲜有人问津——它和我们伟大的国会议员们的关系太遥远了。议员们关心的都是大事，他们不挣最低工资标准，不知道其中的艰辛。他们并不关心家庭带薪病假政策（如果你的小孩或其他家人病了，你可以享受带薪病假照顾他们），因为大部分议员都是男性，收入优渥，家里什么都不用他操心。

试想，如果是一个要养两个孩子的母亲，拿着 15000 美元的年收入（美国贫困线标准是年收入 ≤ 18000 美元），如何能给她的孩子买得起健康的食品（蔬菜水果、奶制品、全麦制品、蛋白质）？这一切都是奢望，而这将导致恶性循环——当她的孩子长期营养不足甚至食不果腹地去上课，怎样能和别的孩子站在同一起跑线上吸收知识？他们改变自身命运、为国家做经济贡献的可能性就大打折扣。"美国梦"的愿景，就是只要你努力工作，就能进入中产阶级。但如果我们无法提高最低工资标准、提供百姓负担得起的日托所、学前班、家庭带薪病假和同工同酬保障，所谓的"美国梦"也就变成了无稽之谈。

　　当我刚被选为众议员时，每到下午五时日托所放学之后，我经常把西奥接到众议院，然后我再继续工作。在众议院，西奥可以随意溜达，而且尤其喜欢看我们对议题投票表决。对议员来讲，投票表决有两种方式：第一种是议员走到议长桌前，递交一张颜色牌——红色代表"否决"；绿色代表"赞同"，黄色代表"中立"；第二种是按表决器，在一张类似酒店房卡的表决器上边，有着红、绿、黄三种颜色按钮，任选其一。大部分时间，众议院采用的是第二种方式。而西奥最喜欢干的事情就是帮人家按表决器。他先是抢着帮我忙，然后就看看周围有没有议员叔叔或阿姨同意他帮忙——大部分的女议员和很多和我要好的男性议员都很乐意。而西奥会拿着表决器问："红色还是绿色？"他很聪明，但有时候也很调皮，有时故意做出要按错的样子和我的议员朋友们开玩笑。
　　在议题的投票表决结束后，我通常会带西奥去众议院休息厅的小吃餐吧，给他买一个热狗或花生酱三明治配冰淇淋。休息厅有六七张沙发和软椅，议员们可以在这里聊天、看电视新闻或者体育比赛。我和西奥都很喜欢这样的晚上，议会中很多年纪稍长的议员也是如此。众议院的议员平均年龄都在中年之上，所以他们也特喜欢把西奥当作孙儿来看。

小西奥也会帮我在工作中接待客人。在他四岁左右，有一次我组织了一个有关政治资金赞助人的平安夜派对，并邀请参议员查理·舒默作为特邀嘉宾出席现场。派对从晚六时开始，于是我在西奥的日托所放学后，把他接到了派对现场。舒默很喜欢小孩，不拘礼节，所以舒默刚一到派对现场，就给了西奥一个大大的问候，还把他抱了起来，跟他说："要不要在这'天字第一号讲坛'上发表讲话？"

那场派对大概30个人，包括赞助人、朋友和同党们，就在一个略显拥挤的私人房间。当时我和舒默的私交并不算特别熟络，他知道给一个四岁小朋友即兴演讲的机会，万一搞砸了就糗大了吗？我就站在离他一米左右的地方，随时准备救场。西奥小朋友倒是完全没理解他娘亲有多紧张，小手玩着舒默那些稀稀疏疏的宝贵头发。但是我必须说，西奥小朋友真是好样的，让他的娘亲好骄傲。只见四岁的西奥穿着他的小小牛仔裤，骑在舒默厚实的肩膀上，发表了一个3分钟的即兴演讲，主题是关于平安夜之前父母应该给小孩们买好电池的重要性——因为当圣诞老人到来给小朋友圣诞礼物的时候，会需要电池。我的小演说家！作为娘亲真的好骄傲。

而当我担任参议员之后，带着小孩子就更是一件需要智慧的技术活。我刚上任参议员的时候，被要求担任会议主席（也就是要连续几个小时坐在参议院的大厅里，听参议员们对着基本空旷的大厅发表演说）。按理来说，会议主席的工作代表着一种荣耀，但当没有参议员发言的时候，就变成了一场华丽丽的煎熬。而排给我的时间段更是郁闷——晚上五点到七点。排时间表的参议院工作人员是个年轻的小伙子，我试着跟他解释这个时间段真的不行——我有个嗷嗷待哺的孩子还在日托所等着妈妈接，如果我不去奶孩子，会非常非常不舒服（以下省略 N 字细节解释）。但是这位年轻工作人员非常坚持原则，"对不起，时间表已经排好了，没法再调整时间"。参议院是一个年代感十足的机构，事事讲究传统和论资排辈，面对无数资深的老参议员，我这个新人暂时只有听人发落的份儿。我希望再和那个工作人员争取一下，但无济于事。所以只能靠自己了——我拿着一份资深参议员的名单，挨个给他们打电话，看看有谁能否和我调一下顺序。

我在参议院的办公桌，之前是希拉里·克林顿用过的，再之前，是帕特里克·莫尼翰用过的。我相信他们二位从未因为奶孩子的问题在这张办公桌旁打过电话。在遭到几个婉拒之后，我联系上了参议员马克·尤德尔，向他说了这个窘况。马克非常爽快地答应了："没问题，我跟你换时间。"我在众议院的时候，和马克有过短暂的接触，知道他非常关注家庭和女性权利问题。马克变成了"救美"的英雄，而在之后的"不问不说"议案，我们成为了同一战壕的左膀右臂。

我现在遭遇的最大麻烦，就是当某项投票被安排在晚上五点半至六点半之间，和我要去接孩子的时间撞上。（现在亨利和西奥是下午六点放学，也就意味着我最迟晚上五点四十五必须从单位出发去学校接他们，但是照顾她们的保姆要到六点半之后才能来。）和众议院不同，参议院不允许把小孩带过来。所以每次在投票的时候，我都把两个小家伙暂时"寄放"在参议员哈丽·里德的办公室。虽然每次我都千叮咛万嘱咐说"不许乱跑"，但里德这间有着漂亮瓷砖、地毯和壁橱的办公室依然无法让两个小家伙消停下来——一个五岁小男孩和一个十岁的小男孩能在30秒之内具有多大的破坏力？画面太美，不敢想。

所以我开始寻求一种更好的解决方式，请求参议院能否提供一个安排小孩子的房间。参议院有一个类似众议院的休息厅，只是里边不提供饮食供应。在休息厅的另一端，有一个利用率很低的小房间——只有参议院一些年轻的工作人员学习的时候会用。但是房间的独立性很好，而且有小孩子们可以坐的沙发。但这个请求意料之中地遭到拒绝——有些参议员提出顾虑：如果这些小孩太吵太闹怎么办？如果开了这项先例，其他议员也在投票时候把自己的孙子孙女带过来怎么办？这些顾虑真是一个最好的证明——在我们的参议院，自己有小孩的参议员真是凤毛麟角，能有孙子孙女特意来参议院看投票的情况也是极其罕见（事实上我从没见过）。但塞翁失马焉知非福，虽然这个请求没有通过，但事情却以另一种让我意想不到又简单、惊喜的方式解决了。工作人员决定，我可以带着孩子站在参议院投票大厅的门口，只探出头来投票就好了。现在我可以一边握着两个小家伙的手一边工作——这是多少工作的年轻妈妈们梦寐以求的啊！

第 6 章

"有野心" 并不是一句脏话

很少有人会相信你可以有野心，但同时也是一个温柔、得体的好女人。

"如果女性有了与丈夫、孩子无关的任何个人目标，她不应因此感到自私和自责"。

诚然，想到作为一个参议员要代表 2000 万纽约州公民的权利，心里还是诚惶诚恐。

信心是可以传染的，而且会产生巨大的能动力。首先给自己一个强大的信念，你会惊奇地发现，周围的人在不知不觉中快速被你感染，并且愿意相信你。

我一直不太明白，为什么提到一个女人"有野心"，公众总会自行脑补一系列贬义词——这个女人一定高冷、傲娇、老谋深算、讨厌男人。这对女性参政议政来讲是个很大的挑战，很少有人会相信你可以有野心，但同时也是一个温柔、得体的好女人。

当听到希拉里退出2008年总统竞选的消息时，我倍感遗憾。我相信希拉里的能力，换作我而言，不到选举结果的最后一刻，我绝不会放弃希望退出竞选。当然，我也非常尊崇现任的奥巴马总统——他在2004年民主党大会的发言完全让人折服，完全不同于传统古板的政治修辞。但就个人角度，我确实特别佩服希拉里，在她的整个竞选中，我的心跳一直和她的战绩连在一起，而她的话语和经历都给了我深远的启迪，特别是希拉里讲到她母亲的勇气——希拉里的母亲还是个八岁的小萝莉时，就和妈妈、妹妹一起远离故土，住到了爷爷奶奶家。六年之后，她毅然离开了那个让她不开心的家，去外边做女仆为生，开始了自己独立的生活。我真心相信，如果我们国家的公众能够更多地了解希拉里，也许她会有机会成为下一届总统。但是希拉里面临的舆论压力还是很大的：比如政客们会拿她的年龄来玩笑；在机场的礼品商店就能买到希拉里造型的玩具娃娃。

我所认识的希拉里，是一个非常有智慧、准备充足的女性领导人，同时兼完美妈咪、女儿、娇妻的角色于一身。在普利茅斯的一个咖啡厅，一个 64 岁的女人问希拉里，她将如何继续自己的竞选游说之路？希拉里的回答很直接，破了声，几乎掉下眼泪。最终，这个国家会看到希拉里真正的一面——一个复杂、感性、易受伤害的女人，而不是卡通画里那个穿着裤装、对男性颐指气使、试图霸占世界的女妖精。希拉里的人性魅力，会让她对公共事务能有更为深入的理解，但让我们的投票人看到这一点，还需要从长计议。

当选国务卿并非希拉里的初衷，但是总统先生这样的安排自有他的道理。希拉里在国务卿的职位上做得非常出色，奥巴马也在权责之内给予希拉里充分的信任。至今，希拉里任职国务卿及其带来的后期影响，都让我非常震惊——我在众议员的第一任任期结束，并以 24 点的优势击败对手，顺利获得连任。乔丹森和我决定带着家人出去走走，于是和孩子的爷爷奶奶一起，带着西奥和亨利去迪士尼玩几天。我们去玩宇宙飞车，晚上到"未来世界"餐厅吃蒸粗麦粉和烤肉串。在之后一天晚上，当我正双手抱着米老鼠、高飞狗和各种迪士尼玩具时，我的邮箱"未读邮件"突然爆满——几秒钟之后，我明白了：希拉里被任命为国务卿，然后有大批的新闻消息开始猜测，谁将接手希拉里在参议院空出来的位置。虽然在整个提名名单之中，我的名字排在最后一位，但无论如何，我也被提到了。

我的头脑开始飞速运转——我在政界还是一个新人，刚满 42 岁——

虽然这个年龄对于男性政客来讲并不算太小——比如，乔·拜登[1]在29岁时已经在政界崭露头角，成功当选为参议员，但他也是在过了30岁生日之后，才达到国会对参议员的最低年龄标准，正式接任参议员工作，但是对于女性政客而言，42岁还显得有些嫩。何况，我在众议院才只干了2年时间，现在又想着做参议员，是不是显得突兀？何况，自己的实力真的够格吗？然而在另一方面，我相信我自己的训练、常识和判断力。我知道自己工作非常努力，而且做得很不错。和我的很多女性同龄人一样，我从小就被灌输这样的思想，"精诚所至，金石为开。如果你真心去做，就一定能做到"。而受我外婆和我妈影响，我也一直欣赏贝蒂·弗里丹[2]在《女性的奥秘》[3]一书中的观点，"女性应该敢于去问：'我是谁？我想要什么？'且不必为此感到任何羞愧"。"如果女性有了与丈夫、孩子无关的任何个人目标，她不应因此感到自私和自责。"我成长的年代，继承了这些女权运动成果——我在学生时代玩体育项目、在法学院上学的时候有男性搭档、参加国会竞选、敢于追求个人理想……对我来讲，胸怀大志并不意味着好高骛远，相反，它非常重要。

但是政治除了领导力，还需要"手续费"——我离参议员的位置还差很远。当陪着两个小家伙在迪士尼玩的时候，我想到了我的一个女性朋友尼塔·罗伊。她也来自纽约北部，是一位在众议院非常有威望、备受尊重的女议员。当我和乔丹森刚来到华盛顿的时候，她的丈夫史蒂夫还受众议院委派，帮助我和乔丹森熟悉环境和规则。更重要的是，在8年前，希拉里就曾经提出意向，希望尼塔能够入驻参议院。但尼塔一直拖着说再等等吧。尼塔已经在众议院工作了20多年，至少在我看来，如果她想做参议员，那这个位置应该是她的。所以在我还没想明白自己要不要以及能不能填补希拉里在参议院空出的这个位置之前，我就给尼塔打了电话。趁着两个小家伙在沙滩俱乐部的游泳池里嬉闹的时候，我在电话里对尼塔说："尼塔，我打这个电话是想说，希拉里空出来的参议员位置已是众人皆知，在我考虑自己能否提名之前，我首先想到了你，所以想和你电话说说这件事。"

"啊，柯尔斯顿，谢谢你能想到我。但我觉得我还是在现有的位置上更好一些。"尼塔说。在希拉里任职参议员的 8 年里，尼塔已经在众议院拨款委员会有了举足轻重的位置，而现在她又接管了外事附属委员会的主席位置。尼塔并不想换地方。

明白了尼塔的意思之后，我开始问我周围信得过的朋友，我是否应该考虑希拉里空出的参议员之位提名的事情。如果我希望加入竞争，那我应该做什么样的准备工作。似乎这项提名也算是意料之外情理之中，但我还是想多听听意见，考虑清楚。而这场竞争归根到底只需要征服一个人——时任纽约州州长大卫·帕特森。根据纽约法律规定，当参议员因职务调动或离职等原因出现职位空缺时，州长可指定一人临时填补空缺职位，最长时间为 21 个月，直至下一届参议员选举为止。我和我的办公室主任深谈了很久，然后又找了几个熟谙州长和纽约政界的朋友，促膝长谈这件事是否具有可行性。但当我和这些朋友的交流越深入，我心里边反而越笃定——为什么我不能去竞选参议员？诚然，想到作为一个参议员要代表 2000 万纽约州公民的权利，心里还是诚惶诚恐。但我当时进入政界的初心，不就是要去做一些有意义的事情吗？乔丹森看到了这一点,告诉我说决定的衡量标准只有一个——有意义。

换句话说,乔丹森觉得衡量是否加入参议员之争的标准,就是我想当参议员的诉求到底有多强烈。在度假中,我故意轻描淡写了这种可能性。我当时顾虑很多——乔丹森更喜欢有节奏、有规律的生活。所以当我们在佛罗里达的时候,我只跟乔丹森说,当选参议员的希望比较渺茫。(我至少要解释下为什么打了那么长时间的电话。)等到度假归来,我才和乔丹森认真地探讨这件事的可行性。

乔丹森听完了,只问了一个问题:"如果你成为参议员,你能帮助更多人吗?"

"当然啊!"我说,"纽约州的众议员可以代表60万公民权益,但是做参议员可以代表2000万公民的权益。况且,参议员具有更大的话语权,不像众议院那样需要论资排辈。我知道,在众议院我可能要熬20年才能赢得有分量的话语权,但是在参议院,我上班的第一天就可以有同等效果。"

"那不就齐了,"乔丹森说,"那你还在顾虑什么?我们进入政界,就是为了赢得话语权,帮助更多的人。既然到参议院工作能够帮助更多的人,那么这就是我们的答案。你应该把你的名字写上去,加入竞争。"

于是,我鼓足勇气,给州长帕特森先生打了电话。电话无人接听,转入了语音留言。我留言道:"州长先生,非常荣幸能够跟您通话。关于参议院空缺席位的事情,我非常珍惜这次机会……"

挂了电话后,我长嘘一口气,等待发落。第二天,我接到了州长秘书的回电,说我的留言太简短了,理由不够充分。于是我详细地解释说,我希望能够被考虑，并非是因为被提名非常光荣。我想得到这份工作，也非常希望能如愿以偿。

我和州长的关系一直非常融洽，其中的部分原因是，在我们之间没有利害关系之前，就私交甚好，互相有过充分了解。（这也是我非常重要的一种价值观念：虽然与对方没有直接的利害关系，但是也友善待人，建立良好的关系。因为这才是双方最坦诚相待，你最能表露真实自我的时间段。）在几年之前，2003年的夏天，有个朋友向我引荐了大卫（当时他还没当选为参议员）。我们只是聊天，互相了解，并无所求，只是因为我们都致力于公共服务事业。我和乔丹森正在海边度假，我和大卫通了整整一小时的电话，然后又约定了回纽约市区后一定见面好好聊聊。当时我已经怀了西奥。就在我们约好见面的那天，没想到纽约中西部地区发生紧急事件，导致东北部大面积灯火管制，纽约市区陷入一片混乱。我所在的办公室大楼被责令紧急疏散，而我也知道所有的工作计划都因此泡汤，要往后顺延时间了，于是我只好挺着大肚子，回到了上东区的公寓。而帕特森当时知道我已经有了身孕，非常担心，想着我反正要搭车回家，就到了我办公室接我。现在想起来都特别暖心感动。

大部分在20世纪60年代之后出生的女性，都从小就被告知，你可以选择去做你想做的一切，但依然有大批的女性在职业发展方面犹豫不决。她们需要相信自己，相信公众不会因为她们追求更高的职业目标，就对她们颇有偏见。比如说，我在刚刚筹备国会竞选的时候，就雇了一个非常优秀的女性——雷恩·亨德森作为我的政策总监。作为一个典型的律师出身，我当时认为最重要的事情就是需要有人帮我研究政策，考虑例如教育改革、伊拉克战争之类的议题。有人跟我说，你应该雇佣的第一个人绝对应该是财务总监，否则你根本没有钱去雇一个政策总监。但我好像就这么稀里糊涂过来了，也不大在意。

在选举之前，雷恩接到了克林顿总统的一个政策顾问的来电，说克林顿基金会正在招人，负责小儿单纯性肥胖症方面的工作。雷恩非常兴奋，特意来征求我的意见。于是我们在华盛顿的一个酒店大厅里坐下来详谈。我问了雷恩具体的岗位职责要求，和她的直接领导将会是谁。

没想到雷恩跟我说："啊，我还没想好。我打算申请副职；正职也在招聘，但我不知道自己的能力够不够。"

我几乎是要从椅子上跳起来："你说什么？你没有申请正职？"

"对啊，我不知道自己够不够格啊！"雷恩说。

当导师的时间到了。就像生活中很多其他事情一样，有时你必须在最正确的时间、找到最正确的人、抓住最正确的机会、去做最正确的事情。"雷恩！"我的身体明显向前倾了一些，"你在跟我开玩笑吗？他们会雇一个不如你聪明、不如你有能力的家伙做正职，而你会永远陷入巨大的自怨自艾——自己明明能力比他强！雷恩，你应该去应聘正职。"

我能看出雷恩的惊讶，"你觉得我真的能行？"

"必须啊！退一万步来讲，就算你没能应聘成功正职，你可以再申请副职，不是吗？"

我向雷恩断言，以她的能力一定能胜任正职，而事实证明她也确实如愿以偿。她现在的发展远远超乎她当时的自我预期——现在已经正式负责克林顿健康事务中心，帮助许多国家和地区降低可预防疾病的发病率。

通过这些年的磨砺，我对"野心"这个词有了这么几点认识：

其一，不要认为"野心"是和女性特质相违背的——似乎温婉贤淑的女人就不能有野心似的。敢问，这世间还有什么生物比一个保护自己孩子的母亲更加强势？运用你的女性力量，这是一笔巨大的财富。

其二，相信自己。如果连你自己都不相信自己，怎么能让别人相信你？你要知道，信心是可以传染的，而且会产生巨大的能动力。首先给自己一个强大的信念，你会惊奇地发现，周围的人在不知不觉中快速被你感染，并且愿意相信你。

第三，绘制自己的蓝图。诚然，这需要你广泛地听取他人的意见，但你必须心里明白，这世间没有任何一个人会和你来自完全相同的背景、有完全相同的经历和才能，并追求完全相同的目标。你必须有自己的生涯规划，并对此坚定不移。所谓独特性，就是你对自己有清晰的定位，并对你的处境有清晰的了解，不随波逐流。

羞于承认自己有野心，并不仅仅是缺乏自信的表现。在 2005 年，乔治城大学[4]发布了一项调研，主题是关于公众对政客的野心与性别的态度。调研专家把政客按照男性（或女性）；有野心（或没野心）两个坐标进行归类，并且让受访者直言不讳。结论显示，相比较追求强权的女性政客，受访者更喜欢把票投给追求强权的男性政客和相对弱势的女性政客。受访者认为，野心勃勃的女性给人一种只顾自己的印象，而不太会为集体考虑。此外，还有受访者觉得有野心的女人让人讨厌甚至反胃。

而公众的这种偏见直接影响了女性在全球的话语权。导致女性领导人都有意或无意地淡化自己的实权和成就。奥普拉·温弗瑞[5]曾经有一次问康多莉扎·赖斯[6],"您在十五岁的时候就高中毕业了,是哪一点让您从小就是个聪明的女生?"

赖斯说:"我从不觉得自己聪明。"

而奥普拉·温弗瑞本人,虽然已经是全美最具自我实现能力的成功女性之一,也并不觉得自己在个人财务上做得有多好,"我并不觉得自己是个女商人",她在有一次接受《福布斯》杂志的采访时谈到。甚至连德鲁·吉尔平·福斯特,这位哈佛大学首位女校长,当《纽约时报》问她如何得到这个职位时,也只是轻描淡写地带过,"事情就那么发生了而已"。

安娜·菲尔斯是康奈尔大学医学教授兼精神病学家,同时也是《必要的梦想:有野心的女人改变人生》[7]的作者,该书中提到,她拜访了许许多多的成功女性,但是没有一个愿意承认自己"有野心"。没有人喜欢"野心"这个概念,认为它意味着自负、操纵他人、过度强化自我。大家经常提到的两种说法是,"这并非我的作风,只是工作需要而已";或者"我并不喜欢自我推销"。而男性在这个问题上就不用遮遮掩掩,不必刻意掩饰自己追求自我实现的愿望和想法。

根据菲尔斯的观点,造成这个问题的根源之一,就是公众对"野心"概念的认知。菲尔斯认为,"在历史上,女性曾经把它与自我陶醉联系起来,觉得有野心意味着总要不惜一切代价地实现自我。但事实上,野心意味着你对自我技能有着恰当的认知。没有任何数据显示,女性对追求技能与认同感的需求要低于男性。事实上,实现认同感是一种更高层次的精神需求。"而菲尔斯之所以投入大量的精力研究"野心",就是源于她感觉自己的野心一直不被社会认可,甚至从她还是个孩子的时候就是如此。"当我7岁的时候,我在学校就放了一个记事本,我会在上边写诗、写故事,"她在采访中说到,"那时候我会写一些只有自己看得懂的缩写,就像咒语一样,连我的亲姐妹们都不知道是什么意思。比如说IWBF,就是'我想出名'(I will Be Famous)的缩写。"最终,这些关于"野心"的复杂争论落实在了词汇选择中——比如很多女性拒绝认为自己是"男女平等主义者(feminist),但是认同机会面前人人平等;很多女性拒绝认为自己有"野心(ambition)",但是认同自己一直不断攀岩新的目标和挑战。

最后,其实关于"野心"的争论,仅仅是一种语言表达的选择而已。就像很多女性从不认同自己是"女权主义者",但是认同自己"追求机会和其他权利平等",很多女性不认同自己是"有野心",但是认同自己"努力实现更难的目标"。把话题收回来,我知道我要说服帕特森州长,参议员本身需要明确的目标和野心,而我恰恰符合这些要求。此外,参议员的工作不仅需要毅力,更要有强大的网络支撑——要想给希拉里空出来的位置补缺,就必须在不到两年的时间里赢得人心,才能在下一轮正式竞选中保住位置。

所以,州长在和我面谈的时候,我告诉他,我不仅仅能胜任这个补缺,还曾经成功运筹过"攻坚战"的竞选。我有着非常坚实的团队支撑,为竞选提供资金保障。我在众议院的第二轮竞选,投入之浩大、竞争之激烈,在全国都是能排得上号的——民主党人拼命希望夺回席位,而我的对手又特别有钱,足够提供整个竞选的资金保障。在这次众议员改选中，民主党的对手花了 700 万美金，而我筹集并花费了 500 万美金——要知道，想在纽约州州北部筹到 500 万美金，绝不是一件平常简单的事情。很少有候选人能够有这么大的耐心和决心，每天打数十个电话，连续几周、几个月不间断，不断去寻求支持和帮助。这种决心就像我在大学里学中文普通话那样，每天在书桌前一坐就是几个小时，天天如此。那种艰难、热忱又带着冗长的沉闷，但我知道这一切都非常必要。

我向帕特森州长说了我的三点优势：第一，作为一个女性和母亲的身份，我也许有着与其他竞选者不同的角度来看待机遇和挑战，但是正因如此，我可以更好地为纽约公民发出不同角度的声音；第二，作为一个从业十年的金融律师，我可以为接下来的财政改革提供有效帮助；第三，我在众议员的任期中，进行了大量的走基层工作，了解农民、工人、做小买卖的商人……各行各业基层民众的诉求。此外，我还具有筹备竞选工作的能力，前两次"攻坚战"的胜利充分说明了这一点。

正当我说完了这些准备起身离开的时候，州长笑着跟我说："你知道吗，这段时间我听到了很多对你不利甚至很下流的话，但是你刚才一句也没有争辩或反驳。这让我对你的印象更好了。"显然，像每个竞选之争一样，对手们已经开始散布谣言打压其他竞争者。我低调地回到了奥尔巴尼，就像我每次低调地离开一样。事情还没有定数，我并不想太张扬。唯一知道我参加参议员补缺之争的人，就是我妈。

1 月 22 日星期四，我在奥尔巴尼接到了州长办公室的电话，问了我很多议题的立场和详尽回答。在当天，我被告知仍处于竞选状态，没有给我定论。第二天依然如此，我感到事情有戏。于是我飞回了家，告诉家人我觉得参议员之争有胜算，虽然现在还没有任何官方认可。

在奥尔巴尼的机场，我碰到了一群记者，被问到："请问您怎么会在这里？您是要去纽约成为新一任参议员吗？"

我尽量地保持冷静，答道："现在官方还没有做出结论，而我被告知只是以候选人的身份静静等待，无论最终谁能胜出，我都会选择支持。所以我在这里。"但是在内心深处，我的脑海里已经开始翻滚，"会有的，真的会有的"。

晚上，我和杰夫一起住在了我哥和我嫂子那里。我哥的拿手好菜就是煲鸡汤，而我现在最需要的就是家人做的一碗温热鸡汤。我穿着浅蓝色北极熊的睡裤，在他们的厨房里来回转。几乎每个小时，都会有各种领导人打电话过来，询问我关于同性恋权利、移民改革、枪支暴力、医疗保健等等议题的立场和观点。然后，在深夜 2 时 30 分，帕特森州长的电话终于姗姗来迟，省略一切寒暄，州长直奔主题："恭喜你，柯尔斯顿，你现在是纽约州的参议员了。"

我给了杰夫一个大大的拥抱，几乎是口齿不清地喊道："咱们成功了！你特么相信吗？！"我的兴奋指数瞬间爆表，赶紧深呼吸，然后脑子开始运转我接下来要做的十件事——首先就是给还在华盛顿的乔丹森打电话。我幸福得有些发晕，让乔丹森带着俩孩子订最快的航班飞到奥尔巴尼接我。然后我打电话给我爸妈报喜，再然后，我开始想着明天我的就职演讲该怎么准备。

第二天一早，我带着满满的肾上腺素，穿了我最好的一套黑色套装，吹了最满意的发型，化了最精致的淡妆，前往国会大厦和我的家人们会合。

我妈帮忙把两个小外孙穿戴得整整齐齐，九个月大的小亨利也被喂饱了，看来他也要迅速适应这个新转变了。带着一大叠尿不湿，我把小亨利抱到了州长的会议室，和州长在国会大厦二楼的办公室只有一墙之隔。我敢肯定，州长会议室的桌子一定没有进行过如下用途——给婴儿换尿不湿。但是这桌子确实很好用，两分钟，小亨利就又恢复了开心笑容。事实上，小家伙从他老妈的就职典礼一开始就呼呼睡着了。更让我担心的是西奥，他一直说不太舒服，好像是发烧了。西奥蔫蔫地问我，能不能在我一会儿就职演说的时候，坐在我的身边。"当然可以，宝贝。你就坐在演讲台旁边休息。"我说。虽然我心里知道，这也是一个挑战。

"谢谢妈咪，"西奥说，"我保证乖乖听话。"小西奥也确实做到了。我的就职典礼一切顺利，除了我的讲话确实拖得有点长了。在典礼结束，我们开车回家的路上，我才给医生打电话约诊，带西奥去看病。就职典礼当天晚上，我们没有庆祝派对和香槟，取而代之的是医院约诊和抗生素。

新官上任三把火。可我上任的前六个月，日子过得简直就像是救火。除了我做众议员时代的老选区，我的 2000 万新选民对我知之甚少，当然也不会喜欢。而我的工作就是去争取他们的信任。我需要态度谦和、斗志昂扬同时尽最大努力地走亲民路线，倾听他们的声音，代表他们的权益。

由于我是被直接任命，没有经过民意选举，我也就没有机会向选民去表达和证实自己。媒体蠢蠢欲动，盯住了这个好机会开始狂轰滥炸。我一夜之间多了好多新名字——一只缺乏独立思想的学舌鹦鹉、查克·舒默的牵线木偶……《纽约观察家报》甚至做了一期卡通封面，把我画成了安妮·奥克利[8]。（我的老选区中有非常多的猎人，我支持他们在第二宪法修订案[9]中的权利。）而一份在纽约非常具有影响力的西班牙语报纸《每日新闻报》也对我很不客气，在首页刊登了我的大照片，配上了四个大字："反对移民。"此外，我还被戏称为特蕾茜·弗力克[10]。我很喜欢那部片子，但我也知道这绝非善意。没错，我争强好胜，我为我的信念而奋斗，为我的目标而努力，那这就意味着我是个粗鲁的疯婆子吗？当然不是。

乔丹森不愧是我的英雄。他一直为我打气加油，"别理他们。他们根本不了解你。"乔丹森跟我说。但是正如他在我首次竞选之后的表现一样，他拒绝去看那些狂轰滥炸的新闻消息——他知道自己一定绷不住。

我试图去回到原点，让事态能够得到改善。我现在是新官上任，需要去承认自己缺乏经验、存在弱项。我最饱受争议的就是在众议院关于持枪暴力和移民议题的立场。在这之前，我只能代表我自己老选区的选民，为他们争取权益。这些老选区的选民绝大多数没有遭遇过持枪暴力，或由于移民政策导致妻离子散的问题。 但这些问题放在整个纽约州，就很不一样了。女议员尼迪亚·维乐贵斯是西班牙裔社区非常杰出的领导人，公开指责我对移民问题知之甚少，甚至觉得由我接任希拉里的参议员补缺真是纽约州的不幸。所以当我被任命之后，我特意到布鲁克林登门拜访了尼迪亚，并请她多指教。我非常想知道移民社区的实际情况到底是怎么回事。在一番坦言之后，我和尼迪亚逐渐建立了对彼此的理解和信任，半年之后，我们已经达成革命统一战线了。这对我来讲意义重大——现在我的办公室还挂着她在2010年参议员改选时支持我的合照。而尼迪亚也鼓励我去拜访索尼娅·索拖马约尔[11]。最后的结果是，我和参议员舒默联合向奥巴马总统举荐了她。

我在国家档案登记处还有一笔记录饱受抨击。在众议院，我曾经对三笔枪支法案投过票：其一是关于狩猎北极熊，其二是关于精神病患者的背景考核，其三是关于在城市中持枪是否非法。就在我就职宣誓的那天，《纽约每日时报》发表文章，说我如果真的"走基层"，那就真的应该去看看尼亚西娅的家人朋友。尼亚西娅是布鲁克林地区的一名17岁高中女生，成绩优异，在一次青年舞会上，不幸被非法枪支的流弹击中身亡。现在她所在的社区还因此人心惶惶，报导称，很多父母都被吓坏了，严禁自家孩子晚上出门，甚至连去倒垃圾都不允许。

于是在两周后，我去拜访了尼亚西娅的同学，一进门就看到了学校里的大标语："如果能有一个更好的解决办法，请找到它。"尼亚西娅的爸妈希望他们女儿的死能够有意义，能够让更多家庭的孩子免遭类似的不幸。我对他们说，我会为此全力以赴，尽我所能地让枪支暴力的悲剧不在这片土地上重演。然而，我也知道这只是我出于对尼亚西娅爸妈的同情，对这片社区的肺腑之言，至于它能否成为政治决策生效，还有很长的路要走。

我和纽约市的政策委员雷·卡里见面详谈。他跟我说，纽约市的持枪犯罪中，80%的枪支都来源于纽约州之外的枪支流入和交易。而这其中，又有90%的枪支是非法的。我约见了纽约反持枪暴力组织的成员，听了他们各自的心酸经历。之后，我又和众议员卡洛琳·麦卡锡谈及此事，她的丈夫在长岛铁路不幸遭遇枪击，而她这数年一直在为反持枪暴力不懈努力……每次和这些枪支暴力受害者及其家人的面谈，都让我心中悲愤难平。于是在那一年，我提请了关于枪支改革的首份议案：枪支合法化会造成枪支非法贸易和犯罪，同时为别有用心的武器交易提供法律保障。

在桑迪·胡克惨案[12]之后，参议院依然没有通过枪支改革议案。我和大部分国民一样，感到巨大的失望和落寞。那些孩子，那些老师，还有那些痛失爱子爱女的爸爸妈妈——对不起，我和我同事无法为你们做出任何改变。而更让人痛心的是，国会甚至无法通过几项常识性改革：停止枪支非法交易、枪支需要提供背景考核、禁止攻击性武器、枪支型号需要设限……我拟好了议案，希望得到两党联立的支持，结果因两票之差功亏一篑。每当我又听到了一起校园枪击案，听到有小孩子因此无辜丧命，我都感到无比愤怒和痛心。我们需要继续为此斗争，直到现状得到改善。如果这邦热土的孩子们不断地在学校被无辜枪杀，我们如何稳坐在办公室继续保持沉默？只有当更多的美国公民站起来发出声音，更多的国会代表去维护公民权益，我们才能建立一个更加强大和安全的国度。我们必须持续奋斗——为尼亚西娅，为桑迪·胡克惨案无辜遇难的孩子，为我们这邦热土上的所有孩子。

自从我在州长会议室的桌子上给亨利换尿布的那一刻起，我就知道，我注定不会是一名传统的参议员（我也压根没想过要做一名传统的参议员）。埃莉诺·罗斯福有过一句话："其实无论你做什么都无法避免批评的声音，所以干脆遵从自己的内心去做自己认为正确的事情。"选民们会有他们的顾虑，而这种顾虑有时候是通过非常规的方式体现的，所以我必须兵来将挡水来土掩，对他们有所回应。我开始通过女性杂志、妈咪博客等等女性渠道和选民们沟通。在沟通时,我并没有摆出参议员的架子,而是带着一个母亲对另一个母亲的家常感觉。我并不担心这样会显得不专业,我只是决定做好我自己——充分利用这种女性力量。希拉里一直是我尊崇的女性,但我并没有完全按着她的路子走。在很多方面,她蹚出的路比我要艰辛得多。她在一个女性权利并不是理所应当的时代里,像我的很多同事那样,视女性权利如生命。而到了我们这一代女性,就应该继续扛起她们未完成的使命,权利不息,奋斗不止。

第 7 章

现在，我是你们的

"我希望帮助那些无法发出声音的民众发出声音，鞠躬尽瘁，在所不辞。"而 9·11 医保议案就迫在眉睫。

每个要当妈的女人都生怕自己的孩子跟着自己受委屈——如果飞机发生事故，我相信每个母亲都做不到自己先戴上氧气罩再给小孩戴——我也不例外。

我开始了更科学地安排日常规划——知道自己并不是永动机，知道自己的体力和心理极限，知道如何调节休息，以免再出现情绪爆表。

如果你想为那些无法发出声音的人发出声音，就必须唤醒人们心中的力量。

在那张希拉里用过的办公桌上，我找到了她的一些立法议程，其中就包括了 9·11 医保议案。

如果你是一个正常的普通人，你可能会想，"这有什么问题吗？这不是理所应当的吗？对参议院来讲，还有什么比这件事更让我们全民震惊，比善待那些在恐怖分子袭击时冲到第一现场的英雄们、保障他们后期疗养更重要的事情呢？

但华盛顿是个奇怪的地方。我们都知道，一件非常容易并可以快速解决的小事，到了华盛顿都会被搞得极其复杂。希拉里在参议院时曾为 9·11 医保议案努力了。众议院也为此开过不下于 20 场听证会，提请了无数相关草案，但是拖沓了 3 年，迟迟没有进行过表决，没有任何实质性的进展。

但是我依然很乐观。任何事都有可能，对吗？就在我刚刚到参议院走马上任的前几天，我的办公室主任杰夫，让我坐下来，谈谈我如何定义自己，想成为什么样的参议员。我的回答非常清晰明了："我希望帮助那些无法发出声音的民众发出声音，鞠躬尽瘁，在所不辞。"而 9·11 医保议案就迫在眉睫。

我的使命听起来很粗糙，但确实是我真心所想。这几天我一直反复念叨这句话："为无法发出声音的民众发出声音。"虽然路漫漫其修远兮，吾将上下而求索。我召集了我的立法同事们，开始商量如何推进9·11医保议案。我把自己的办公桌挪到了办公室的墙角，让整个氛围看起来更亲切，为9·11医保议案全力以赴。

然而在我的第一轮战略会谈失败后，杰夫回到了和我一墙之隔的办公室，从门后探出脑袋，"你知道，其实9·11医保议案根本没法通过，对吗？"他对我说，"我的意思是说，我们能够拼尽全力做一切努力，但是你知道，这场硬仗的胜算为0。"

"杰夫，你这话什么意思？！"我忍不住了，"仗还没打完，我们不能自己先承认败了。我们一定会赢，我们相信自己一定能赢。你真的觉得没有一点办法能让议案通过吗？"

杰夫说："好吧，也是。"

杰夫所说的问题，9·11医保议案之所以举步维艰，很大程度是因为我们缺乏同情心。诚然，在9·11事件发生之后，整个美利坚被哀悼和爱国主义凝聚在了一起，但是在国会大厦中，其实很少有人真正地希望帮助纽约公民。参议院的同僚们总觉得纽约是个不差钱的地方（从来都没意识到纽约州和其他州的贫困指数相差无几）。参议院总觉得9·11医保问题仅仅是一个为纽约公民谋福利的议案，而忽略了9·11事件的直接受害者其实来自美国的各个州。9·11现场在不停地释放着有害物质，每年都有越来越多的人由于吸入空气中释放的有害物质而生病。然而，这项议案一直没有得到足够多的支持。

所以一如往常地，我开启了全面工作模式，列出了我接下来要做的
10 项最重要的事情：1，草拟议案；2，向参议员正式提请议案；3，提请
为该议案召开听证会；4，主持召开听证会；5，寻找联席保荐人（包括共
和党人）；6，为争取更广泛支持蓄势；7，联合众议院力量；8，为提请的
改革寻找资金支持；9，尽可能地联络更多共和党人支持；10. 主持投票表
决。

为了消除团队的挫败情绪，我甚至订了六本《秘密》[1]，发到各个办
公室，让大家去读。当然了，意料之中，我被大家奚落了一番。团队的
同事们都非常年轻，很多是从我第一次竞选开始跟我到现在。我的管理
哲学就是"攘外必先安内"，然后赢得内部信任。我喜欢聪明、努力又
坦诚的人，然后在工作中给他们足够的自由空间。但我的法律顾问布鲁
克·贾米森却是个例外——她是个天生的悲观主义者。我希望大家都能有
一个正能量的工作氛围，无论我们是否能赢，我们自己首先不能丧失信心。
于是，我冒着被大家嘲笑的风险（而我事实上确实被嘲笑了——哪个老
板会给员工看这种在科学性上有待商榷的"心灵鸡汤"？）下了硬要求，
全团队必读，读完了还要和我讨论，分享心得！这书现在还常在我案边，
比如它里边讲，如果你想要一辆新车，那你就首先想象着你真有一辆新车，
现在你就坐在车里，握着方向盘的感觉。对我自身来说，保持积极乐观
的心态至关重要。当我情绪消沉、在半路情绪失控、找不到孩子或者陷
入深深的挫败感时，我就试着调整情绪，让同事们告诉我三件他们在生
命中最感恩的事情，而我也会分享我自己生命中最感恩的三件事。此外，
我还是时常提醒自己要做一个积极心态的人。比如在我 2000 年选举期

间，我就定下了吓死人的目标——首季度要实现 300 万美元的筹款目标！这并非是纯粹的天方夜谭，但对于当时我在华盛顿的切身实力来说，这个目标也算是相当艰难了。为了给自己加油鼓劲儿，我当时甚至把电脑的开机密码改成了"3M1stQ^2"（你可以笑话我，但这招确实管用）。作为团队领导，我的这种积极心态无异于给大家吃了一颗定心丸。直至现在，无论团队中哪个人开始负能量爆棚，就会有人跟他说："嘿，哥们，想想那车！手握方向盘！"这些是玩笑话，但是非常重要。

当时，我的工作和生活还算在我的掌控之内，我知道，我需要更多的时间和精神空间来适应我的新工作。为此，我和乔丹森在这一年也是蛮拼的了——我们把之前的保姆从纽约请来，从周一到周五和我们住在一起，打理日常起居。当然我们也知道，这种烧钱的方式决不能超过两年（一个参议员的薪水可没有公司律师那么多），但这些有保姆帮忙的日子，对我和乔丹森而讲，已经要感谢上帝了——你不知道，当我和乔丹森都出差不在华盛顿的时候，知道两个孩子能够有人照顾饮食起居、饭菜营养健康、衣服干干净净、家里整整齐齐，是多么大的欣慰。

这些年来，我逐渐适应了如何平衡工作与家庭的压力，但这确实经历了一个比较长期的过程（甚至犯了很多错），因为之前很少有一边给两个孩子当妈、一边忙着国会选举的先例榜样可供学习。直至今天，很多年轻的女性朋友见面问我最多的问题，依然是如何处理家庭和工作的复杂关系。女性是否有这个能量，能够家庭事业双丰收？具体到每日的时间安排上，该如何打理？长线发展的蓝图又该如何规划？

当我刚刚竞选成功时，我有一个叫舒尔茨的女性朋友特别地理解和支持我。舒尔茨本人是佛罗里达州的国会议员，她知道那种作为一个母亲，在孩子和国会工作之间挣扎的滋味——一边想着孩子的棒球赛、急性结膜炎，一边想着国家安全的议案。但是她的几个孩子都住在老家佛罗里达州，没有跟她到华盛顿来。她每天晚上忙完了国会的事情都要给孩子们打电话，问他们作业写完了没有，听孩子们讲学校里鸡毛蒜皮的小矛盾，讨论为什么别人家小孩可以晚上八点再睡，但是自己 7 时 30 分就要睡，舒尔茨的努力和辛苦绝不比我少。但对她的很多合理化建议，我也无法苟同效仿——比如，在一场投票表决的 45 分钟之前，你得知保姆罢工了。或者当你正在准备全国电视采访的时候，孩子的班主任打电话说，你儿子感觉不舒服，觉得喘不上气来。（答案是，你遇到这种情况一定会抛下一切直奔学校，然后送孩子去医院急救，同时尽量在急诊室外平复情绪，不能孩子没治好，自己先倒下了。）

之前我也走过弯路，只工作而不顾孩子的做法，后来发现根本行不通。我和我的团队把采购食品、吃饭、交通延迟的预留时间都给省了。我们从不管早晨 6 点从东海岸醒来就开始忙活，晚上 8 点之前要横跨美洲大陆、飞到西海岸的加利福尼亚会有多折腾多辛苦。当时亨利在我肚子里已经七个月大了，我的财政总监罗斯安排了一次到加利福尼亚的工作出行。我当时还觉得自己的体力撑得住。客观来讲，我非常喜欢罗斯，他是那种特别有趣、好心、在工作中会调剂气氛的暖男，见人一脸暖暖的微笑，人见人爱，花见花开。但是这家伙的缺点同样明显——经常先斩后奏，事后负荆请罪。鉴于他这张暖男的脸，他这招也总能奏效。但是在他安排的加利福尼亚之行中，他略带孩子气的"对不起，头儿"，不好使了。

第一天我们在旧金山湾区，然后又从旧金山一路开车到了硅谷，一共赶了 7 场会议。撑到白天的最后一场会议结束，我感到整个人都不行了，筋疲力尽，身怀六甲的身子骨每一寸地方都在痛。可是按照行程安排，晚上还有一场派对等着我。我要求先回宾馆补个妆，顺便喘口气。当我推开房门的一刹那，整个人都垮了——我太累了，身心俱疲。把自己关在宾馆的房间里号啕大哭了整整十分钟。说实话，我觉得自己真的没有精力爬起来了。在我比预计的下楼时间晚了 15 分钟还没消息之后，罗斯打电话震我。

在罗斯还没开口说一个字之前，我一句话扔过去："我晚上不去了。"

"柯尔斯顿，你晚上必须去。"罗斯在电话里说。

"去你妈蛋。"（非常富有个人色彩的表达，我知道。）

在那一刻，我讨厌罗斯，讨厌我的工作，讨厌我一会要在鸡尾酒派对上微笑着和人说话。几分钟后，杰斯受罗斯之托，从华盛顿打来电话劝我。于是我又重新洗脸、补妆、下楼。我气我的团队不考虑我的体力极限，更恨我自己——你自己不知道自己在健康、事业和时间安排上的生理极限吗？每个要当妈的女人都生怕自己的孩子跟着自己受委屈——如果飞机发生事故，我相信每个母亲都做不到自己先戴上氧气罩再给小孩戴——我也不例外。

但是没过多久，我还是下楼，坐上罗斯的车，继续当晚的鸡尾酒派对的行程。

"我打赌，你一定没问他们是不是养猫了。"我狠狠地说。我的体质对猫极度过敏，需要提前确认派对的主办方家里是不是有猫，如果有，我必须提前吃抗敏药。而这点，罗斯不是不知道。在他办公桌上甚至立了一个小牌子，是西奥亲手做的，上边写着一行字——"严禁喵星人[3]"。

罗斯说他给忘了，然后一个劲儿地跟我道歉。我没理他。于是在我刚一到那个漂亮的派对现场，就开始打喷嚏、流鼻涕。但我还要在每次擤鼻涕的间隙，拼劲身上的每一分力气微笑、和人亲切交谈、上台发表一个小型演说，然后回答每个人的提问。而自从那次惨痛的教训之后，我开始了更科学地安排日常规划——知道自己并不是永动机，知道自己的体力和心理极限，知道如何调节休息，以免再出现情绪爆表。我知道，像这次鸡尾酒派对的教训，并不是我连着一天赶了7场会议累成这样的，而是经年累月地工作连轴转、从不给自己放松和休息时间酿成的苦果。现在我和我的团队都知道了如何更合理地规划时间、每周工作多少小时，同时能保证去健身房多少次、陪孩子多长时间，留多少个周末时间去旅行等等。而当我拿到日程表，就提前知道了这个月和眼下的这一周的预计工作强度。而加利福尼亚的那次确实是太没经验了。那天我回到宾馆刚摸到床，就睡得不省人事。

而在我进入国会工作的早期，我应对媒体更显得缺乏经验。我当时还天真地以为，能把自己的想法在媒体面前清晰、有逻辑地表达就算是OK了。但等我当了国会议员才发现，自己应付媒体的那点经验，真像是从村儿里来的。记者设下的陷阱越来越高明：比如，如果我长篇大论地说了一通，他们绝不会打断我，而是会悄悄按下录音键，第二天就利用这些素材对外大肆攻击。更糟的是，我每次都忘了"防人之心不可无"这句古训。又一次，我在参议院的餐厅里和长岛地区某报社记者吃饭。我很喜欢这个小伙子，在一起边吃边聊得很开心，说了很多我关于金融衰退和改革措施的想法。就在我们站起身准备说道别的时候，这个记者装作扯闲篇一样地问："你家里也有枪吧？"

"有。"我说。

"那你把枪都藏哪儿？"他装作整理东西，始终避免和我目光接触。

我根本没想到这个问题会是一个陷阱，就脱口而出："放在床下啊！"

真是一失足成千古恨，防不胜防啊！结果，关于枪支的问题成了他采访稿的全部内容。这篇采访被登在了《每日新闻》的头版，成了整个州的头条新闻。我后悔也没用了，谁让自己忘了防人之心不可无呢？这篇采访稿和我们的采访内容一点都没关系。（我们不是在聊金融改革问题吗？）此外，如果真的出自我本意，我巴巴地把记者叫过来，就是为了说我把枪藏在床底下？

虽然我在参议院的第一年经历了如此多的坎坷，但这段经历也让我重新遇见更好的自己、找回自己的力量。在纽约学习《圣经》、给小孩子的读经班当老师的经历，对我真的是一笔财富。我并没有太多地谈及自己的信仰，在众议院，宗教并非是我公共生活的重要部分（虽然我确实接受了米歇尔·巴赫曼的邀请，参加了众议院女性圣经学习小组）。但经过参议院这几个月的艰辛，我深深地意识到需要挖掘自身的全部资源，包括信仰。所以，当晚接到邀请参加参议院每周举办的祈祷早餐活动，分享上帝对我生活的影响时，我答应了。

很多人都不知道我有信仰。我很喜欢在祈祷早餐活动中发表演讲。有一次，我谈到了为什么会从企业律师改行到公共事业，并引用了"财（才）的比喻"——这是圣经《新约·马太福音》中的一个寓言。从前，一个国王要出门远行，临行前叫了仆人来，把他的家业交给他们，依照各人的才干给他们银子。一个给了五千，一个给了二千，一个给了一千，就出发了。那领五千的，把钱拿去做买卖，另外赚了五千。那领二千的，也照样另赚了二千。但那领一千的，去掘开地，把主人的银子埋了，然后又原封不动地把一千原银拿了回来。过了许久，国王远行回来，和他们算账。第一个人和第二个人得到了奖赏，第三个人受到了惩罚。"上帝赐予我们的财（才），是希望我们财（才）尽其用，去帮助更多的人，"我在祈祷早餐活动中说，"当我在纽约做律师时，我并没有充分利用自己的才能。我知道，我的生活应该有所转变，去更好地发挥上帝赐予的才能，帮助和服务更多的人。这是我致力终身的目标，也是我今天有幸和大家在参议院共事的原因。我希望为无法发出声音的民众发出声音，鞠躬尽瘁，在所不辞。"

那个早晨让我在精神上收获了极大的愉悦。我感到自己的新、旧生活终于得以连在一起。从那次起，只要有人邀请我去教会演讲，我每次必到。

在2009年10月，卡尔文·芭茨牧师邀请我到哈莱姆区⁴的阿比西尼亚浸信会教堂演讲。在没上台之前，我非常紧张。我害怕我和这里的教友缺乏共鸣，担心他们会不欢迎我。但是芭茨牧师和教友在现场对我非常热烈地表示欢迎，让我在一上台就由衷感受到了一种力量，开始了我精心准备的演说。

我对教友们说，从我当选为参议员的那一刻起，我就对自己能代表纽约公民而感到深深的荣幸。我会充分珍惜自己的这个位置，帮助那些最需要帮助的人。之后，我分享了《路得记》的故事。"大家都听过《路得记》的故事，"我对教友们说，"路得的公公、丈夫和丈夫的哥哥都相继去世，路得的婆婆拿俄米决定从摩押回到犹大，拿俄米让两个儿媳各自回家，儿媳俄珥巴回家了，路得则舍不得离开，并请求婆婆不要催促，说'你的国就是我的国，你的神就是我的神'。拿俄米便带着路得回到伯利恒。"

我继续分享自己的内心感受，"正如路得对自己的婆婆说的那样，'你的国就是我的国，你的神就是我的神'。这也是我希望和在座各位所说的，从我肩负代表纽约公民权益这一荣耀之刻起，我就深知，要不负初心，方得始终。"

我听到底下有一些人开始喊："阿门！"

芭茨牧师露出了欣慰的笑容。"有很多的政客都来到这里做过演讲，"他说，"但是这些在政界巧舌如簧的人士，面对上帝却不知所云。"

一年之后，同在哈雷姆区的阿尔·夏普顿邀请我到当地的司法办公室。那天是他生日，而我也过了一个非常愉快的早晨。"因此，让我们共同努力，让违背社会正义的铜墙从此倾颓，让违反社会公平的铁壁从此消融。"我说。

当我讲完这些之后，台下爆发了热烈的掌声，夏普顿更是带头叫好：

"柯尔斯顿，说得好！"

而至今为止，我为社会公平正义而进行的最艰难的一场议案，就是关于"不问不说"政策废止令。在我刚刚当选参议员不久，我在律所的一个老朋友凯西·贝尔德，问我能否和她的一个案件当事人谈一谈。当事人是一个叫丹尼尔·崔的小伙子，刚刚由于反抗"不问不说"政策而被开除军籍。

丹尼尔符合一名优秀军人的全部条件——他是韩裔美人浸礼会牧师的儿子，在加利福尼亚州南部长大，由于电影《拯救大兵瑞恩》的影响，一心想成为一名真正的军人，以生命和热血捍卫国家的更高使命。高中毕业之后，丹尼尔如愿考上了西点军校，并在 2003 年以阿拉伯语和环境工程学的双学位毕业。2006 年，丹尼尔作为陆军军官被派往伊拉克。

丹尼尔热爱军队，拥护军队的价值观念。但是"不问不说"政策确实让他感到非常不安。在参军的时候，他就知道自己是个"玻璃"[5]，但他觉得自己只要不"出柜"[6]就没问题。但他越来越发现，自己恋爱了，无法自拔——你明白这种感受，爱对每个人来讲都是重要而必要的；他不想再继续压抑这个秘密，决定出柜。

"我认为军队是一个讲求品行、诚实和荣誉感的地方，而我也为此奉献了全部心血和努力，"丹尼尔坐在参议院的一个相谈室里和我说道，"因为我是个'玻璃'，所以我就要向所有人隐瞒这一点。"当西点军校的所有男、女同性恋者组织起来，希望废除"不问不说"政策时，丹尼尔勇敢地做了代言人。他在一档全国性电视节目中勇敢地说出了这一切，结果可想而知，他被开除军籍，军队生涯彻底毁于一旦。

而丹尼尔希望的就是不再有类似的悲剧发生。他坐在那把很沉的木椅子上，希望我能帮忙做出呼吁，废除"不问不说"政策。当时还是2009 年，那时候的美国对同性恋婚姻和其他权利问题的讨论刚刚开始，整个社会公众对同性恋者的态度还没有现在这么包容。但我告诉丹尼尔，我会为此全力以赴。

由于我在参议院还是个新人，于是我必须寻求周围志同道合的同事的帮助。其实，最早关注这个议题的是参议员泰德·肯尼迪，但很不幸的是他后来患了脑瘤。我本天真地以为他的志向会后继有人，但我很快发现，这不过是我的一厢情愿罢了。

当时，关于对"不问不说"政策废止令的争议已经白炽化。自从1994 年"不问不说"政策执行以来，已经有 13000 名受过专业训练的军人由于同性恋问题被迫离开了美国军队，其中包括 800 名优秀的军事专业人才。此外，美国军队因此丧失了 10% 精通外语的人才，自 1994 年至2003 年，美军因"不问不说"政策带来的直接损失（包括重新征兵、重新培养训练、重新分配等），就高达 20 亿至 36 亿美元。我不知道一个有理智的人是否会算这样一笔简单的账：这 36 亿美元如果用来为现有美军提供更高的训练、装备，为士兵配备更好的医疗和心理健康服务……我们今日的美军会如何？

更糟糕的是，"不问不说"政策不仅没有让同性恋问题在军队中得以抑制，反而起到了反作用——因为"不问不说"的基础就是欺瞒和谎言。在类似丹尼尔这样的军人被开除军籍时，官方给出的理由是"有损部队作风，对其他人造成了不良影响。但事实并非如此。在军队中的民意调查表明，相较于时刻感到自己身边"潜伏着"同性恋战友，明确知道自己身边战友是同性恋，对自己的影响更小——甚至包括8名高级军官都对此表示认同。2007年12月，有28名将军和海军上将联名要求国会废除"不问不说"政策，并指出：在美军中的现役军人中，有总数超过6.5万的同性恋者；在退伍军人中，男同性恋者的总数超过100万。我们的军队正在为伊拉克和阿富汗问题做积极的准备，为什么大战在即，我们却要自己先削弱自己的力量呢？

当我开始向同事们征求废止"不问不说"政策的想法时，结果竟然出人意料——支持这项政策废止的议员，远比我想象的多得多。其中，参议院军事委员会主席卡尔·列文，在我们的第一次谈话后就明确表示支持，并同意为此议题召开16年来的听证会。与此同时，参议院多数党领袖哈里·瑞德也希望对白宫方面施压，促成"不问不说"政策废止。此外，这项议题还争取到了民主党很多女性参议员的关注——苏珊·柯林斯、奥林匹亚·史诺、丽莎·穆尔科斯基都表示支持。奥巴马总统也表示，会在国情咨文[7]中谈到关于废止"不问不说"政策的提案。

对于很多和我同龄或者比我年龄稍小的议员来说，废除"不问不说"政策是个迫在眉睫的事情。其中，大部分人都为同性恋者的权利而斗争过，因为我们觉得这再自然不过。在律所当律师后，我就和办公室里的几个"玻璃"走得很近。我的很多女性好友，包括凯西（就是在我当选参议员后，把丹尼尔介绍给我认识的那个律所闺蜜），经常和"玻璃"同事们大晚上在办公室一起加班，嘲笑那些晚上6点必须准时打卡下班的直男们——"啊，我6点必须回家！要不我老婆会杀了我！"

但就在不久之后，废止"不问不说"政策的提案遭遇了瓶颈：白宫方面并不希望我来正式提请议案。（也就是说，我并不直接负责该项议案，不为它是否得到通过而负责。）白宫方面希望找到一个更加资深的参议员来担此大任，最好是本身就来自参议院军事委员会，同时位高权重的参议员。按照白宫方面的意思，乔·利伯曼是首选。乔在参议院德高望重，仅凭他的个人影响力，就能为这项议案增加不少共和党人投票支持。

当然，白宫的想法一出来，我在一开始有些失望。毕竟是我起草的议案，而且我也知道该如何赢得支持，争取到更多人的帮助。我希望这项废止令尽快通过。但现实是，赢得白宫方面的支持异常关键。如果我更关心议案早日通过（而我确实如此），我必须让步。所以，我的任务就变成了力邀乔·利伯曼作为领军人物加盟。我每隔一周就跟他谈一次，一直坚持了3个月，乔终于被我说动了。乔的加入立刻为议案带来了转机。紧接着苏珊·柯林斯就宣称，她愿意成为民主党对此议案的领头人。我们开始组成工作小组，线上交流，线下分工，尽我最大的努力保持小组的凝聚力。

其中，民主党还有一块难啃的骨头，就是参议员约翰·麦凯恩。虽然乔和我都费尽了心思，但是麦凯恩就是油盐不进。在2010年11月的选举刚刚结束之后，麦凯恩和乔邀请我、参议员林赛·格雷哈姆，加入他们的国会代表团，出访阿富汗、以色列和巴基斯坦。我当即答应了。其实这次国会代表团出访，主要任务是接见当地军队，了解战争情况，维护地区安全。但对我来说，另一个使命就是要想办法在麦凯恩那里敲边鼓，说动他能支持"不问不说"政策的废止。麦凯恩的夫人已经被我们争取到了，她公开了一段支持废止"不问不说"政策的视频。而这些蛛丝马迹让我隐隐感到，赢取到麦凯恩的支持，似乎有戏。

和麦凯恩一起出团访问，简直就跟身边坐着个摇滚明星似的——走到哪里都有一群人求合影，支持者排着队跟他握手，比粉丝见面会还壮观。我那时候想，如果能争取到麦凯恩这张王牌，废止"不问不说"政策就真的胜券在握了。趁着"粉丝见面会"的间隙，我就小声地在麦凯恩耳边敲边鼓，说等返程归来，如果他能支持同性恋军人的权益该有多好。

"等我们回国，要是您能这么说，那一定是轰动的大新闻！"我说。

约翰·麦凯恩哈哈大笑。

"约翰，如果你能支持废止令，那就胜券在握了。你是超级王牌，在涉及军队议题时，你就是大家的意见领袖啊！"

对于麦凯恩这张王牌，我和乔都尽人力、听天命，说明白一切，但并不强硬让麦凯恩接受这种想法。总之，我很感激能有机会和麦凯恩一起出访。

我们回国之后，2010年12月9日，这天原本是我的44岁生日，没想到"不问不说"废止令的议案一波未平，一波又起。多数党领袖里德已经答应过我在当日国会结束前，为"不问不说"废止令的议案举行投票表决。但就在投票之前，事情出现突然变化——由于一项悬而未决的税案，共和党人如潮水般涌入国会，阻挠了所有立法和投票，不进行投票就誓不罢休。我的心里暗暗一惊。如果今天不能进行"不问不说"废止令的投票，那我就只能重新向哈里·里德提请下周的投票表决。而这其中发生的变故又是不可控的。可现在国会已经变成了一群"文明人"的疯人院，我担心在今天结束前根本无法恢复正常投票表决。那是我过的最心塞的一个生日。

我和卡尔·列文、苏珊·柯林斯、马克尤德尔、乔·利伯曼几个人赶紧在参议院聚头想办法。我们决定把"不问不说"议案作为独立法案提请表决。这是一次冒险，但我们有把握能够有 60 票左右的胜算。我们需要一个揭开真相的时刻。

投票结束，我在参议院静静地等待结果。有 8 个共和党议员给了我们额外惊喜——3 个女议员，外加柯克、布朗宁、沃伊诺维奇、恩赛因和博尔。最终，我们赢了！我欣喜若狂，我知道，这一刻，是美国公民权利的又一个值得铭记的进步。

在我为"不问不说"废止令奔波的同时，9·11 医保议案也到了关键时刻。在我调到参议院工作的头一整年，我目睹了无数在五角大楼工作的第一受害者来到华盛顿上访，讲述他们的悲惨遭遇。这些受害者有男有女，浑身是由于 9·11 事件落下的后遗症，时时刻刻受着病痛的折磨。

我遇到的第一个上访者叫肯·乔治，是 9·11 事件的一名消防员。他的故事从 2011 年 9 月 11 日晚 6 点开始。当他穿过坚尼街厚重、呛鼻的烟雾，奔往五角大楼的灾难现场救援时，一个男人塞给他一张年轻女人的照片，对他说："求求您，能否帮我找到我的女儿？灾难发生时，她就在五角大楼里。"肯不知道该如何回应，只是把照片妥善地塞到了自己的安全帽里，告诉那个男人他会尽最大努力。然而，当肯继续往五角大楼走，没走几米，又有一个可怜人拿出照片，希望肯能够帮忙寻找在9·11事件中生死未卜的爱人。肯又把照片塞到自己的安全帽里，然后告诉他，他将拼尽自己全力。但是几分钟之后，肯发现拿着照片寻找求助的人太多了，到处都是在这场灾难中骨肉分离、挚爱失联的人——在路灯柱、邮筒、大厦旁边……到处都是拿着照片的人。当肯终于到达五角大楼的灾后现场时，肯不禁打了个寒战，"天啊，这应该从哪里开始？"然后他和救援小分队一起开始了救助工作，钻入五角大楼的管道，寻找是否还有幸存者。可他根本没看到活着的人——应该说，连全尸都没看到。到处散落着爆炸后支离破碎的尸体残骸。每遇到一处，警方就带着搜救犬上前确认，然后把尸体装进袋子里拖走。

在搜寻救助工作的第一天，正当肯所在的消防小分队和警方一同清理残骸时，灾后现场的管道突然喷出了绿色烟雾。当场没有人知道这绿色烟雾是什么——也许是氟利昂？没来得及多想，肯开始抑制不住地咳嗽，剧烈的头痛，呼吸困难，一下子跪倒在地上，半天缓不过来。但尽管如此，肯和他的队友们还是在如此危险的工作环境下，每天达到16至18小时的超负荷工作。在救援的第一周，肯所在的消防队为他们每人提供了一个装满食物和饮用水的双肩包，以防他们被困在救援现场无法脱身。此外，消防队还为他们每人配备了防毒面具，但救灾现场的烟雾太重了，到处都是悬浮的粉尘颗粒，防毒面具的过滤网在几小时后就堵住了，根本无法正常呼吸。为了救人，肯和队友们不得不摘下防毒面具，暴露在危险系数极高的灾后现场。而就在这时，肯的眼睛烧伤了。灼热的灰烬像下雪一样落下来……

当我在 2009 年见到肯的时候，他依然没有从 PTSD 中恢复过来。肯当时 42 岁，已经受了四年心脏病的折磨。"你相信我们在 9·11 事件中，我们真的没有钻入管道救人吗？"肯坐在我的办公桌对面，一字一顿地说，"他们让我们撤离现场，但我们都拼尽了全力。向上帝发誓，作为一个男人，我在 9·11 中拼尽了自己最大最大的努力。"像肯这样的救援人员，他们在国家危难时刻坚守了自己最崇高、最神圣、最孤独的使命，然而这个国家却在事后，连这些英雄的医疗保障都拖了数年，连个回复都没有。

约翰·菲尔也因 9·11 事件造成了严重的后遗症。约翰原是一名工程爆破专家，是 9·11 现场清理恢复工程的一员。在 9 月 17 日的灾后现场，一块重约 3.26 吨的废铁砸到了他的脚上。约翰被送往医院进行了 10 天的抢救，伤口出现坏疽。然后他又转往位于长岛的北岸大学附属医院，住了 10 周的院，然而坏疽进一步扩散，约翰被切去了半个脚面。在接下来的五年，约翰的双脚进行了多次外科手术，此外，有 4 位医生确诊他患有 PTSD。在 2007 年，饱受病痛折磨的约翰为一个素未谋面的陌生人捐献了他的一个肾，同时开始筹划组织 9·11 事件直接受害者的联合会。约翰参加了几乎所有的工伤赔偿会、社会安全听证会，联合他身边一切人脉力量，为 9·11 事件直接受害者的医保问题奔走呼号。为了师出有名，他还成立了专项基金会，为 9·11 灾后救援、重建、清扫工作中遭受身心疾病的受害者寻求保障。"我们遇到了非常大的困扰，"约翰在谈及他的申诉之路时说，"我至今还因为 PTSD 要维持药物治疗，而我筹备基金会，能让饱受后遗症折磨的 9·11 英雄们受到公正待遇，就是对我最好的药。"

约翰是我见过的最谦逊的男人。在我们初次见面时，他就自嘲道："我绝不是这房间里最聪明的人。我高中毕业后就参了军，然后一直做建筑爆破工作。"但是约翰真的非常聪明，他凭直觉就摸清了华盛顿的办事规则。在 9·11 医保议案放在我的办公桌上之前，约翰就已经在国会转悠了很久，见了非常多的上访者，仔细了解了很多详情。在和他的接触中，我和约翰建立了一种长期、持久的信任。他喜欢我在说话时候看着他的眼睛，而我坚持与他彼此直呼其名。当然，有时候他也会拿这个开玩笑，比如有一次我给他打电话，说："嗨，约翰，我是柯尔斯顿。"

约翰的声音从电话那边传来："哪个柯尔斯顿？"

我说："柯尔斯顿·吉尔布兰德。"

"参议员女士，您再来电的时候，麻烦介绍一下自己啊！你只说自己是柯尔斯顿，我不知道是哪个柯尔斯顿啊！我还琢磨呢，这是谁啊……"

哈哈，但我至今依然没在"自报家门"的问题上做得多好。

我从 2009 年开始正式关注这个议题，当时我联合参议员舒默、众议员卡洛琳、杰瑞彼得等人举行了新闻发布会。在会中，我向公众强调："我们之所以为 9·11 医保议案持续奋斗，是因为不能让这些在国家危难时刻挺身而出的英雄们流血又流泪，连工伤的基本医疗都无法保障。"在这之后，约翰跟我说："现在，我们是你们的了。"

"现在，我们是你们的了。"我被这句话深深地震撼了。虽然我希望为此鞠躬尽瘁，但我的同僚们，包括杰斯，都怀疑我是否有能力把这场硬仗打赢。我像以往一样把最重要的十件事列出清单，用我自己的方式一步步努力。之后，我邀请了参议员哈金召开听证会（第三件事）；再然后，我们召开了听证会（第四件事），但除了我和哈金之外，这场听证会无人问津。现在，菲尔把他的命运、他的同伴的命运都交到了我手上，我必须尽力做得好一些，再好一些。

一天下午，我在参议院的一个房间碰到了帕蒂·默里，问她是否有时间谈一谈，帕蒂是个非常优秀的参议员，我经常从她那里得到关键性建议，所以我向她说了9·11医保议案的事情，以及我现在的进展和困扰。

"我怎么才能让其他议员们关心这件事呢？"我问帕蒂，"他们总觉得9·11仅仅是纽约的事情。"

帕蒂明白了我的意思，建议我去找玛丽·兰君尔。在卡特里娜飓风事件中，玛丽曾经成功为新奥尔良的受灾家庭维权。这也是曾经被国会大部分人认为是"地方性议题"，但玛丽成功地把它上升为全国性议题，引起大家重视。

第二天，我在参议院见到了玛丽。她的建议让我醍醐灌顶："如果你不告诉大家应该关心什么，没有人会关心纽约。你必须向大家解释，为什么这件事事关重大，事关全美利坚的每一个人。"

这真是对于宣传最简单、最有效的途经。如果想赢得议案通过，你就必须直戳人心。而对此，我做得并不足够充分。诚然，我很关心像约翰·菲尔这样的受害者，但我并没有尽我的全部力量去影响更多的人，让更多的人去关心他们。或者说，我并没有把这些受害者的困惑、恐惧、痛苦、愤怒等真实的感受和现状传达给这个世界。

2010 年年末，国会进入了一个懈怠的"空窗期"（本轮任期将满，大家都在盯着新一轮的人员变动消息），我知道，如果我希望 9·11 医保议案得到通过，那这将是我最后的一次机会——如果拖到圣诞节之后，现任国会议员的任期已满，共和党人重新控制众议院的话，事情就不好办了。于是我听从玛丽的建议，加紧时间进度，让更多的人明白 9·11 医保问题的意义，以及我们为何要去关心这些第一受害者。而我的具体使命就是讲故事——这些英雄的事迹、牺牲、在 9·11 事件后后遗症的痛苦……甚至是死亡。我希望我的同事能够意识到，参议院在此之前的漠不关心，对这些英雄造成了多么大的伤害，而我们应该及时亡羊补牢，让这些不顾个人生命安危和有毒气体的侵袭、在灾后第一现场捍卫国家使命的英雄们，得到应有的公正对待。

根据玛丽的建议，我们在年底放假的前几周，在参议院的一个房间办了一个展览，关于那些曾经奋斗在 9·11 灾后救援现场，现在却饱受后遗症折磨的无名英雄。他们一共 26 人，在 9·11 发生时都是纽约警官，后来全部死于后遗症，平均年龄仅仅 47 岁。很多的像我这么大年纪、上有老下有小的年轻家庭从此失去了顶梁柱，支离破碎，阴阳两隔。

在我的一再请求下，我在参议院做了一个发言。

"我希望能够为这个议案做一个更清晰的说明，"我对我的同事们说，"这个议案是关于我们的第一受害人，关于在国家危难之际奋不顾身、挺身而出的英雄及他们的家人。"我讲了詹姆斯·扎德罗的故事。詹姆斯原是一名钢铁工人，在 9·11 事件之后，他在灾后现场连续奋战了 28 个昼夜，把废墟中的管道进行切割、清除障碍物、寻找幸存者。几年之后，他被确诊患上了肉状瘤病[8]，浑身抽搐，关节撕心裂肺的酸痛。最终在 2006 年 10 月，在 9·11 事件的 5 年之后，43 岁的詹姆斯不堪后遗症的折磨，撒手人寰，留下了无助的娇妻和需要照顾的女儿。

我还在演讲中，读了罗伯特·汉姆克的一封遗书。在 9·11 事件发生时，罗伯特是坚守在受灾第一现场救人的一名警官。没过多久，他就被查出得了结肠癌。"当我把这个晴天霹雳告诉我太太的时候，我和她正坐在车里。我哭着问她：'我没有辜负国家的使命。可这么做到底值不值？'"

说到这时，我感觉自己几乎要情绪失控了。我几乎忘了自己作为参议员要保持的冷静，脑袋里直直的只有两句话，"现在，我们是你们的了。""我没有辜负国家的使命。可这么做到底值不值？"眼泪在我的眼眶里打转，我只好停下来，把泪水强忍着生生咽回去。我不希望在参议院掉眼泪，作为一个参议员竟然在公共场合掉眼泪，是太过煽情和有失礼仪的行为。我努力平复情绪，继续往下念罗伯特的信。

"在 2006 年 6 月 11 日，我通过手术移除了小肠部位的两块小肿瘤。然后对肝脏部位的大肿瘤进行了放射治疗。在手术之前，我已经做了 4 次化疗，3 次由于脱水而被送往抢救室急救。最后只能吃流食或静脉注射。我有妻子，有两个小孩，然后我就眼睁睁地看着自己在投身 9·11 救援之后，我生命中珍贵的一切慢慢离我而去——工作、照顾家庭、帮助别人……这些都成了奢望，甚至连进食都成了问题。"罗伯特警官最后在 2007 年去世。

"这些真实的故事，告诉我们 9·11 医保议案到底意味着什么，"我在总结时说，"他们在饱受病痛的折磨，甚至付出了生命的代价，仅仅是因为他们当初做了一件正确的事。英雄流血又流泪，这就是我们向公众传递的信号吗？如果没有他们当时的奋不顾身，当我们的政府请求帮助的时候，谁会在第一时间冲到救援一线，谁会去不舍昼夜地寻找幸存者，谁会去不顾个人安危地清理现场？"

我的话让台下的所有人都感到了不安。玛丽建议我说要告诉大家为什么去关心这件事，但这样说是不是掺杂了太多的情绪？是不是过头了？

然后，参议院的工作人员走上前来，对我说："非常感谢，这是一次特别有震撼力的演讲。"在参议院，还没有议员这么做过。然后另一名同事走过来说："我在参议院待了这么多年，这是我听到过的最好的演讲。"其实，我并没使用什么聪明的演讲技巧。只是说了我该说的话，一封一封地读那些真实的信，在感同身受的同时，把这份疼痛传递给了世界。

而对我而言，我从这次经验中，学到了关于宣传的最好一课。我在之前花了很多时间，却收效甚微，但是听了玛丽的建议后，我知道了如何去更好地推动事件，而与此同时，我的自信也得到了提升。正如"不问不说"废止令的议案一样，9·11医保议案在参议院得到了通过。在投票中，约翰·菲尔就坐在我的办公室。他和整整三辆大巴车的受害者及家属们赶到华盛顿的参议院大厅，见到参议员就上前说："这是你作为美国人的殊死一搏！"

菲尔跟我说，当他听到议案通过的消息时，积攒了多年的泪水夺眶而出。而我也终于不辱使命，没有辜负那些流血又流泪的英雄们的期望。而这次经历也给我的政治生涯上了非常重要的一课：如果你想为那些无法发出声音的人发出声音，就必须唤醒人们心中的力量。

第 8 章

"想当参议员，必须变漂亮"，
**　　以及其他的一些建议**

我的几个闺蜜们希望在毕业照那天，让自己显得更瘦更好看。于是结伙一起减肥，我也被拉了进去。

对女性外表的品头论足，在我们的文化中，亘古至今从未消失，像是一个说不清的伪命题。

我知道，我这样一个大着肚子、圆滚滚身材的孕妇形象吓到了不少初次见面的朋友，但我也不在意。

我感觉被击垮了，满脑子都是我的外表应该如何，而不是我的想法应该如何。

当时，我的人生很清晰——有事业，有支持我的丈夫，有两个孩子。但是我却忘了自己的身体。我比生两个孩子之前重了50磅，我必须得想想办法了。

体重一直是我的一块心病。我从小不喜欢靠"姿色"获得认可，也很少花时间注意自己的外表（我怀疑这是美国大妞儿的通病）。但后来非常纠结地发现，这真是一个看脸的社会。无论是选民、客户、同事……其实身边人给予你关注的时间是有限的，你真的想让大家仅仅注意到你的发型？小腰？美鞋？

我也希望这个世界有一天能有所改变，但事实上，我们都还没盼到那一天。所以至少截止到今天为止，我们还是要现实一点。《纽约时报》曾经有一篇描写希拉里的文章，结尾着实让我一惊："亘古至今，无论是高层的政治、商务或是其他任何领域——外表一直都很重要。"

关于体重，我相信你一定有自己的故事。而下面是我的故事：

高中之前，我属于那种运动型的女生，所以从不担心体重和控制饮食的问题。我只是关心能跑得更快，身体柔韧性更好，能踢足球、打网球、滑雪就行了。上高中之后，我和我爸一起跑步，至今都记得我们每年感恩节的慢跑——基本上也不说话，但是运动本身就让这整天的心情都非常好。直到高中快毕业的时候，我才第一次担心体重问题，开始了人生的第一次节食瘦身计划——五天只喝东西、不吃固体食物。而这个计划的目的也很有意思——我的几个闺蜜希望在毕业照那天，让自己显得更瘦更好看。于是结伙一起减肥，我也被拉了进去。但后来事实证明，我后悔得肠子都青了。

第一天我感觉特别饿，第二天就感觉自己筋疲力尽，特别是在我打完了90分钟网球之后。到了第三至五天，我确实觉得自己在思考人生的意义了，但并没有感到任何像和尚一样的了悟。坐在餐桌前，跟我妈撒谎说我已经在学校吃过饭了，那感觉真是太囧了。我知道她一定不会同意我节食（包括撒谎），但我真的不想听她说"不行"，于是就没跟她讲。

那五天我瘦了10磅。但是好景不长，一周之后这10磅就全长回来了。而且，我真的没看出来我辛辛苦苦饿了五天后，毕业照上我的模样有啥区别啊！而且这算给我自己开了一个非常不好的头，让我觉得只要我足够努力，就一定能有魔法公式让自己瘦下来。

上大学之后，因为我一直做运动，所以也没考虑体重的事，深夜十一点了还点一个披萨作宵夜，连眼睛都不带眨的。大一那年我确实特意去咨询过一个营养师，因为不太想命中"一入大学深似海，人比高中胖十斤"的魔咒。但那时我每天都要运动2至3小时，所以也一点都不担心自己变胖。

我爸特别喜欢过来看我的现场比赛。我高中打网球比赛的时候，他几乎逢场必到。到了大学我改打壁球赛，我爸也是一路支持。但那时，我老爸就注意到了我体重的问题，时不常地提醒我要防微杜渐。比如我们一起去外边吃饭，我爸会说："面包就别吃了。"大学住宿，每周末往家打电话的时候，他也会在电话里问"三板斧"——学习生活怎么样？壁球赛（或者其他运动比赛）怎么样？体重怎么样？对于他的第三个问题，我总是含糊其词地一句话带过，"挺好"。大二的暑假我去了中国，在最近我重读了当时从中国寄回家的信——比如"不到长城非好汉"，比如"因为食物中毒，喝了蟾蜍浓液解毒"。其中，我两次提到了减肥的问题。甚至有一次我去一个教授家吃饭，还按照他提供的减肥食谱，瘦了八九斤。"豆浆——我发现的减肥新方式，"我写道，"没准儿我哪天都能写本书了。"

去加州大学洛杉矶分校读法学之后，我从宜人的山城汉诺威，搬到了人挤人车堵车的洛杉矶。课余时间，我绕着学校坚持跑4英里，只要能找到伴就去打网球。那时候我的体重只有125磅（这也是我理想的"新娘体重"），但我还是想更瘦一点——再瘦5磅刚刚好呢。这个愿望看上去有点难，但是洛杉矶的整体氛围给我的减肥计划提供了充分土壤——只要你打开《洛杉矶时报》，广告铺天盖地都是关于健身馆、整形美容、减肥计划。我也试过很多流行减肥法，比如吃脱脂食品，但身上的肉肉并没有像我预期那样和我说分手。接着，我和室友们又一起试了很多种营养瘦身餐，收效甚微。于是我放弃了节食的不归路，打算重新回归运动健身。

数十年的研究表明，相较于不爱运动的女孩，经常运动的女孩会在社交、身体方面自信，更不容易产生抑郁情绪。2013年安永律所的数据表明，在管理层工作的女性中，有67%的女性经常参加体育运动。我知道对我的自身情况而言，运动是维持自身健康和自信的关键因素，但我还是会受到外界观念的影响。有一次，一个朋友的婚礼舞会上，我和当时的男朋友跳舞，男朋友冒出一句："这是你的胃吗？"啊！这句话直接给我们四年的关系敲了丧钟。那时候我正在准备司法考试,每天跑4英里,但他竟然拿我的身材取笑我(话说,这已经是我最瘦的时候了好吗)?我超级尴尬,然后就恼了——一个口口声声说爱我的男人,怎么能说出这么肤浅而刻薄的话?那我以后要是怀孕了、变老了、变胖了,他又当如何?

几年后我到了律所工作。作为一名年轻的律师,我开始了新一轮的节食瘦身计划——只吃少量的水果和瘦肉蛋白质,零碳水化合物。下午两点灌了一肚子咖啡和无糖饮料,只要不饿,就不吃东西。这不算是最健康的减肥计划,但是它确实有效。我在几个月的时间里瘦了20磅,原来的衣服都穿不了了——整整小了两个尺码。

之后的一天晚上,几个合伙人叫了包括我在内的十来个同事,到一个非常讲究的餐厅用晚膳,为刚刚完成的一个累垮人的项目庆功。在用膳之前,我们都需要先轮流发言,谈一谈对项目的感受和总结。当我的一共事合伙人起身谈到我在项目中的贡献时,他用半分钟的发言感谢我的辛苦工作,但是其中三次都是在夸我的发型、我的气质有多好。没错,我和另外一个同事收获了同样多的肯定,但如果他私下里跟我说这些,我并不介意。可是当着这么多同事,我感到很不爽,心里想着,"项目完工后,你竟然表扬的是我的发型——你特么逗我呢?!"我也为了这个案子耗费了那么多脑细胞,没白天没黑夜地加班,跑了那么多地方辛苦调研,放弃了自己那么多假期。而现在,你认可的并不是在团队中的领导能力、我的聪明才智、我的奉献精神,反而去夸我的外表!如果我是一个男人呢?这种情况就绝不会发生。没有女同事会举起酒杯跟他说:"哎呀，老乔，上次的项目多亏你的努力。你长得真帅！"

那天晚上的庆功宴，所有人都笑了，特别是在场的女同事们互相交换眼神，彼此心里明白。我心里超级不爽，但是并没有在脸上表现出来。在这个房间的每个人都知道我的努力，所以我给大家的印象并不会因此受损。但如果当时有新同事或者陌生人在场呢？我就跳进密西西比河也洗不清了。对女性外表的品头论足，在我们的文化中，亘古至今从未消失，像是一个说不清的伪命题。如果有更多的女性上升为领导层，可能这种情况会有所改善。但回到我当年二十几岁的时候，我真的不知如何应对。

也就是在那次恼人的庆功宴上，我遇到了乔丹森。那时候由于爱情和约会的力量，加之我坚持跑步、做力量训练，身材一直保持得很好。但当我结婚之后，日子过得比以前开心很多，去外边吃晚饭的频率也比单身时候大大增加。我又是个热爱美食的吃货，最喜欢的就是晚上和乔丹森一起去找个法式小餐厅，点上一桌牛排、沙拉、红酒，然后开动。所以当我们决定要孩子的时候，我再次痛下决心，要稍微减轻一些体重。这倒并不算一件难事，三个月后，我如愿地瘦了不少，成功怀孕。但我们都知道接下来意味着什么：我已经三十六岁了，内分泌和代谢已经开始混乱。在怀孕期间，我一至两周体重就增加一磅，最后比怀孕前整整胖了70磅。

在怀孕的期间，我已经在筹备国会竞选的事情。于是，我花了大量的时间去认识很多新面孔，向他们讨论我的计划，建立信任关系，帮助其他的竞选人。我知道，我这样一个大着肚子、圆滚滚身材的孕妇形象吓到了不少初次见面的朋友，但我也不在意。只是在西奥出生之后，我才开始为身材的事情有了些许的担心。说实话，我比怀孕之前胖了整整30磅，就像很多刚生完孩子的母亲一样——我也觉得没什么丢人的。当时我所有的重心都在如何一边奶孩子，一边筹划自己的政治事业，无暇顾及自己的体重问题。而我自己也像很多刚生完孩子的孩儿妈一样，天天严重睡眠不足，累得半死，也深知自己这辈子再也无缘成为 *Vogue* 杂志[1]的封面女郎。

但最糟糕的情况还是来了。在西奥出生一年半之后，当我已经进入国会竞选的筹备期，我一直无暇顾及的形象问题，给我带来了很大阻碍。好看，不好看，还是很难看——其实我并不介意。一方面，由于我的女性身份，对手把我称为"又一个政界花瓶"。而在另一方面，他又把我最难看的照片抠出来（甚至把我的脸都涂绿了），寄到选民的信箱里。其中有一张照片，是我在一个新闻发布会的现场的抓拍，我的发型歪向一边，一脸怒气，肤色像巫婆一样。对手故意鼓吹我的这一形象——一个如狼似虎、对权力如饥似渴的女人。我按兵不动，结果事实证明，对手的这一招是搬石头砸了自己的脚。而从这件事中我也发现，在政界，外表漂亮和难看，都是同一个硬币的两面。无论你是美貌如花还是丑女无敌，人们都会拿你的长相来做文章，对你进行攻击。一个女性媒体中心的研究数据表明，所有对女性候选人外貌的评论，无论是好是坏，都会有损她在选民心中的印象分。

在 2007 年，我成为众议员的第一轮任期内，乔丹森和我打算要第二个孩子。建立四口之家的愿望冲破了一切，于是我也从没多想自己再次怀孕、在办公室中大着肚子是什么形象。而且事实证明，这也对工作没有丝毫影响，基本上无人问及（在整个美国国会，当时只有 5 名女议员曾经怀过孕）。

而再次怀孕对我来说，也是一项挑战。在当初怀西奥的时候，我已经被查出患有妊娠期糖尿病。所以我特意咨询了大夫，担心自己再次得妊娠期糖尿病。为此，我开始了低糖饮食计划，同时坚持每天运动。结果很让人惊讶，由于工作、婚姻和孩子，我已经有几年时间没有摸网球、足球和壁球了。于是平生第一次，作为一个工作的母亲，我在日程表中添入了运动锻炼这一项，并竭力要求我的团队一起去保护它。真是一场大改革啊！我很开心可以在怀孕期间，一边保护自己的健康，一边保护自己的孩子。在这之前，总有很多的纷扰会纷至沓来——开会、电话，或者家里出了点什么事。我很难拒绝。

为了吸引公众眼球，国会的女性健身馆准备停业翻修，而在翻修期间，我就只能去国会的男性健身馆了。我这个圆滚滚的形象，倒是好多比我年龄稍大的男同事们见了我不知道该说什么，半天挤出来一句："啊，你这样锻炼挺好啊！这样就不会变胖了！"谢谢啊，你们这群混蛋。

无论我走到哪儿，男同事们碰见我都要说两句。比如在国会的电梯间里，我的耳边就嗡嗡地都是："天啊，你的肚皮是要爆炸吗？是不是现在就要临盆了？"而众议院的各位同僚也不是省油的灯。每当我带着西奥到休息室，西奥吃着热狗，而我在吃那块留给自己的唯一一块饼干时，耳边都要又听到轰炸声："你不应该吃饼干，长胖！"一个南部州的男议员有一次挽着我的胳膊，扶着我下台阶，走到众议院的大堂，然后跟我说："你知道吗，柯尔斯顿，哪怕变胖，你也依然很美。"我承认他确实是好意，虽然他说了一句傻子才会说的话。我真想在众议院贴一张告示——"你们能否换位体谅一下，身怀六甲是什么滋味！"

在亨利出生后，我的健身时间再次变成了浮云。我基本上没有功夫去捎饬自己的穿衣打扮和发型。然后，2008 年 12 月 1 日，当我和乔丹森正在迪士尼乐园陪孩子的时候，希拉里被任命为美国国务卿，我的人生又迎来了一个高速运转期。2009 年 1 月 26 日，我正式宣誓成为参议员。那时候，我因为怀西奥而长的一身肉还没减下去，怀亨利又让体重问题雪上加霜。我就带着这副圆滚滚的身材，与整个纽约州正式会面。之后，我碰到了一个工会领导，想问问他的建议，关于一年半之后的正式参议员选举，我应该如何着手准备。没想到他说："当我在 2006 年第一次见到你时，你很美——就像是一股清新的空气。如果你想在下一轮的选举中保住位置，就必须要重新找回你的美丽。"我听傻了。

我使劲地压住自己的脾气，尽量不表现出太多的情绪。我真想骂他一句"草泥马"，然后转身回家，大哭一场。但我还是让自己更加中立、冷静地看待这件事。之后，一直陪着我的杰斯问我是否还好。我说没事。但事实并非如此。我感觉被击垮了，满脑子都是我的外表应该如何，而不是我的想法应该如何。

而事情还没有完。一个多月后，我一位熟谙政治的好友在纽约市区吃晚饭，问了他同样的问题。而他尽量用非常婉转、非常不好意思的语气说："你觉得……如果《纽约时报》的封面是你这样的形象，是不是该减减肥了……"

我愣住了。拿出我外婆当年"一爆粗口秒杀四方"的架势吼出一串脏话："减你妹啊！减你妹啊！减你妹个屁啊！[2]"

"好……吧。"他不说话了。然后我们再也没有谈过减肥的问题。

希拉里·克林顿，在公共的视线中被检视了这么多年，提及此事，颇有心得。她在自己推特主页的"个人简历"一栏这么写道："妻子，妈咪，律师，女性 & 儿童权利拥护者，众议员，第一夫人，参议员，作家，狗主人，裤装爱好者，打破玻璃天花板的职业女性……"在接受采访中，希拉里谈道："我现在这个人生阶段，已经快到'从心所欲，不逾矩'了。如果我想把发型改回来，我就改回来；如果我想戴框架眼睛，我就戴好了。只不过我并不希望在穿着打扮上过分花心思罢了。如果有人觉得我应该担心下形象问题了，我就换一换，别让他们瞎担心好了。"

这一番话对我而言已经是莫大的帮助，我相信大部分女性候选人都从中深受启发。对于女性议员所要面对的是非，她早就总结说"你把自己放在了一个精神分裂的位置"。在2014年加州大学洛杉矶分校的一次讲座中，希拉里分享了她在1972年去德克萨斯州参加一次政治会议的故事。"当时，我必须穿过一个侧廊去签到。然后我就听见我右耳边有人小声说：'我真讨厌她今天穿的那条裙子。'而在我左耳边，我却听到有人说：'我喜欢她的裙子！'"在重新诉说这段旧事的时候，希拉里显得很平静。当我首次被任命为参议员时，我对自己的体重很不安，担心是否真的对健康是个大问题。当时，我的人生很清晰——有事业，有支持我的丈夫，有两个孩子。但是我却忘了自己的身体。我比生两个孩子之前重了50磅，我必须得想想办法了。

谢天谢地，那时候我的大学室友伊丽莎白·汤普森建议我重新运动起来。我买了新的球拍，新的运动服，然后找了网球和壁球的教练，教我如何锻炼才能瘦下来。我把健身这一项重新加回到了工作日程表，并告诉我的团队说，我每天从学校接孩子回家后的第一个小时，一定是健身，不容商量。而这个决定对大家来讲也都是件好事——运动让我工作更有效率，对下属态度更温和，对孩子更冷静，而且对丈夫……也更好啦。我还聘请了营养师，把我每天的餐谱都写下来。我的健康开始朝着好的方向转变。

而没过几个月，我就又在穿衣打扮方面，经历了这几年的一次巨大失误。索菲娅·索拖马约尔正式任职于参议院的法律委员会，而我将要在她的就职典礼上，负责向大家介绍她。我特别开心，因为在这之前，我就向参议员舒默和总统推荐过索菲娅，索菲娅的任职，对女性来讲是一个里程碑的事件。

直至当时，我都是着装方面的保守派。从小学一年级到五年级，我都穿着天主教学校的校服（蓝色套头外衣，白色衬衫，深蓝色毛衣，深蓝色或白色的袜子，深蓝色的鞋）。五年级之后，校服由原来的蓝色系变成了格子系。我妹因为校服的问题跟我妈争论，把衣脚线往里收几公分等等，但我从不这样。当了律师之后，我深知着装的安全性，于是一直穿那些剪裁精良但是款式保守的套装。从政之后，我依然遵从这条规律，从不戴那些闪闪发亮的耳环和饰品，在录电视节目的时候，也尽量让着装简洁低调（那些闪亮亮的饰品太吸引相机的注意了）。在我看来，如果人们谈论你的穿着打扮、发型、化妆，他们就不再优先关注你的想法、观点或内容。你看看希拉里只要又换了发型或者新的穿衣风格，就会又变成头条。但是没有人会同时附上希拉里说的任何一个观点或句子。

在索菲娅就职仪式的前几个月，我在一家百货大楼逛商场，通常来说，我的衣服颜色就是黑、灰、深蓝这三个颜色，品蓝色对我来说已经是不可思议了。而在当年，我给自己45分钟的时间逛商场，当还剩下十分钟的事后，我看上了一款外套——色泽明亮，非常具有女性化气质，像是你参加婚礼或其他活动时候穿的那种。看着模特穿着那么好看，我也没试穿，直接向店员报了我的尺码，一口气拿了四件：一件绿松石色，一件绿色真丝，一件镶银线的粉色，还有一件奶油色的织锦面料。我妈和纽约州北部的几个女性朋友倒是非常喜欢它们，超级兴奋地说："你终于穿带点颜色的衣服了！特别好看！怒赞！"

在索菲娅就职典礼的当天早晨，我先去见了奥巴马总统，并陪同他一起到纽约，为全国有色人种协进会[3]100周年纪念日发表演说。我在当天早晨穿了一身黑色套装——很让人惊讶吧（其实，我那天一定会选黑色套装，因为我穿黑色最上相，而我希望能在奥巴马总统从他的专机走下来时，能和奥巴马有一个合影）。这是我第一次随奥巴马总统一起出访。

我们谈了他的演讲和他的故事，而他也问我家庭如何。

在飞回华盛顿之后，我希望在索菲娅的就职典礼上换一套喜庆点的衣服，毕竟这也算是一件大喜事。于是我赶回家，换上了我新买的那四件套装中的一套——奶油色织锦面料的那套。然后我冲回参议院的就职典礼现场，和索菲娅并排而坐。她穿着她的蓝色套装，目光坚定。而就在我开始向大家介绍她的时候，无数个照相机开始噼里啪啦地按快门，我心里咯噔一下——这回屎了。那件奶油色织锦料子的外套特别反光，在一片闪光灯的白光中，我觉得自己就像一棵噼里啪啦发光的圣诞树。谁还会注意听我到底说了什么？果不其然，《纽约时报》的报道很快证明了我的担心，文章写道："参议员柯尔斯顿·吉尔布兰德，身着一件织锦面料套装出席现场，博得眼球……"

我打破了自己的第一项准则：不穿太过抢眼、让人分心的外套。

之后的一整年，我都在致力于减肥瘦身，而出乎我意料的是，记者们也开始盯上了我的这一点。第一个求采访的记者是《纽约日报》的记者迈克尔·索尔。他来到我的办公室，小声地问格伦："参议员柯尔斯顿能否针对瘦身节食的问题接受一次采访？"

格伦的回答："我不会替您转告的。记者先生，您疯了吗？"很显然，格伦听说过奥尔巴尼一家记者为此吃闭门羹的事——当时我在众议院，奥尔巴尼的一家报纸记者想拍一张我怀孕挺着大肚子的照片，结果被我一口回绝。"我又不是小甜甜布兰妮，"我狠狠说道，"没必要把肚皮给每个人看吧？！"

但之后，格伦和我都觉得和公众聊聊我的瘦身节食话题也挺好。于是我答应了采访。合理饮食、健康体重几乎是每个美国人心中的纠结，我希望通过这个话题和公众更多地建立联系。为什么不说说我的故事呢？

这种聊天方式并不是我的一贯作风。作为一名律师，我的职业素养就是不掺入个人因素（做议员后，我也改不了之前做律师养成的回答问题事无巨细的毛病，而这是我需要改的第二个毛病）。但是作为一名人民公仆，就不一样了。人们需要了解，代表他们权益的人到底是谁，适当地聊聊节食、健康和瘦身的话题，也未尝不是一件好事。谈谈自己如何减肥成功的，就像谈论棒球、育儿经一样，是和公众之间建立纽带的有效方式。你看，我也有之前肥肥的牛仔裤！人们需要知道，你和他们始终同一目标，一同奋斗。

我在接受减肥节食的第一场采访时，特别紧张。采访我的是 CNN 的主持人德纳·巴什，我坐在西奥学校附近的长凳上，小亨利就坐在我腿上。我担心人们看到我还在为小孩子的奶酪分心，会觉得我无暇顾及工作。但我在进入参议院之初的工作与家庭生活历历在目，没什么可隐瞒的。我希望能给更多的女性朋友一种信心，战胜胆怯和担忧。

事情的结果总是出人意料。我希望留给选民一个有毅力的形象，而我也用事实证明了——坚持不懈地减掉了 50 磅体重。自那之后，只要有女性杂志希望采访我关于节食策略的专题，我都不会拒绝。一部分对此感兴趣的选民知道了我只吃水果、蔬菜、全麦食品、瘦肉、鱼肉，把每天的热量控制在 1200 卡路里之内。同时，他们知道了我每天早晨吃全麦吐司或燕麦粥，控制碳水化合物摄入；中午吃鸡肉和蒸菜；下午茶补充一块低脂奶酪，或者一份脱脂酸奶，配一小块水果；晚餐就是瘦肉蛋白和蔬菜。日复一日确实很烦，但是减肥，就像很多人知道的那样，就是日复一日的单调无聊。我每周保持四到五次运动，特别是在每天早上上班前，举重，跑步，或者去打球。有时候我也和艾尔·弗兰肯（明尼苏达州的一位非常有魅力、有幽默感的参议员）一起去健身。我唯一破例吃披萨、喝啤酒的情况，就是当国会的女子垒球队赢得比赛之后。《纽约资本报》特意做了一期专题"柯尔斯顿·吉尔布兰德节食计划大揭秘"，配图是我穿着一条 Lee 牛仔裤的大照片。

我知道，我的很多参议员同僚都觉得我这样的做法不专业，甚至有点荒谬可笑。但作为一名人民公仆，我自身就是群众和政府的一个连接器。我希望能走进千家万户，和选民在餐桌上话话家常。所以，当参议院在进行儿童营养政策的议题时，这对我来讲并不抽象。当然，公众只看到了我只喝白开水或脱因咖啡的意志力，却没看到我也会在参议院办公桌的抽屉里藏一把硬糖或小包装巧克力——为了不让自己在9·11医保议案的忙碌中倒下。毅力就是毅力，无论是在工作还是生活中。

在减掉了那50磅之后，生活的硬币翻转到了另一面——我受到了从未有过的外表方面的赞美。一个我非常喜欢的参议院同僚，有一次走在我后边，掐了一下我的小腰说："别太瘦啦！我还是喜欢有点肉肉的姑娘！"他这话说得很中听，但事情并没按照他的计划发展。

如果一个女人脸蛋长得太漂亮，或是身材曲线太好，人们就容易联想她一定"胸大无脑"，或是毫无内涵的"花瓶"（你听过类似的段子）。这个担忧非常现实。安妮·科恩布鲁特[4]在《打破天花板的日记》中写道，萨拉·佩林[5]"长得很美，从表面上看，她的漂亮外表是帮她增加关注度的一个优势，但深层看来，长得漂亮给她的政坛之路带来很多不利因素……这是什么意思呢？从政治上来讲，男人们想跟她上床吗？这会为她的竞选造成障碍吗？一个被公众称为'芭比娃娃'的女人，会被认真地当成'副总统候选人'吗？"根据安妮在书中的数据，在2008年总统选举时，大量的男人在互联网上谷歌搜索萨拉·佩林，高频关键词竟然是"萨拉·佩林裸照"和"萨拉·佩林比基尼装"。

然而，男人就不用面对这一大麻烦。男演员，比如像罗纳德·里根[6]或阿诺德·施瓦辛格，他们从演艺圈退出来杀入政坛，一点问题都没有。然而女演员就没这个可能了——至少现在还没出现可能。唯一出现的例外就是詹妮弗·葛兰何[7]。她在筹备2003年的密歇根州长竞选之前，是个模特出身。但是在州长竞选的筹备中，她的所有宣传照片，都刻意隐藏自己的美丽——带着一个大框眼镜，穿着黑白色调的衣服出现在制造工厂。她希望的声音是能够被尊重、被倾听，但是害怕美丽的外表会对此造成干扰。

在我减肥的最后一年，我见到了安娜·温图尔，*Vogue*杂志久负盛名的执行主编。我知道安娜是一个非常有智慧、有悟性，并且颇懂政治的女性。于是我约她一起吃早饭，谈一谈对纽约时尚产业的想法和建议。在见面之前，我还很担心自己这身艾利·塔哈瑞[8]的黑色套裙是不是太不入眼了。但当我们喝咖啡的时候，我开始慢慢发现，安娜并不仅仅是一位只关心眼花缭乱的衣服的强势时尚杂志执行主编，她的能量远不止于此。安娜掌管着一个市值 100 亿美元的行业，对整个纽约和我们国家都产生着经济推动力。

那天，我们谈论了服装产业所面临的贸易、环境、制造等问题，以及服装生产和设计对美国产生着怎样的影响。就在我们谈到一半的时候，我已经对眼前的安娜肃然起敬——在她时尚的太阳镜背后，是一颗强悍而有思想的大脑。我喜欢内心强悍而有思想的女人，特别是当这些女人又同时愿意帮助其他女性。在我们会谈结束的时候，我们约定有空一定要去一起打网球。安娜给我列了一个单子，建议我接下来可以按图索骥。首先，她列了四五位服装设计师和零售商，推荐我去见一下，会从和他们的交流中领略时尚产业的微妙之处。其次，她可以把我的文章报道还有与家人的照片都登在 Vogue 杂志上，介绍一些我和她的读者群相关的观点及议题。

我对安娜提供的名单表示了充分的谢意，并按照名单的内容一一落实。当我越来越多接触这个产业的领军人物，也就对时尚产业有了更深一层的体悟和认识。时尚产业并不像我们想的那样无聊肤浅，他们之中的很多女性都很有政治头脑，而且确实让人民的生活起居变得耳目一新。像戴安娜王妃、唐娜·凯伦[9]、公主娜娜[10]的品牌创始人……她们都很关心很多实事议题，比如国际女性发展与健康保障、海地地震的灾后重建、危险青年的关怀救助组织、女性创业者的小额担保贷款……而直至我走进了 Vogue 的衣帽间，我才像走进了另一个世界。在我穿过泰晤士广场，走进 Vogue 杂志社之前，我还在想，我穿什么衣服拍那张杂志照片更好。

当我穿过一排排我绝对买不起的昂贵鞋子和包包，一排排我见过的最美的裙子和夹克，我真的眼花缭乱。当我被安娜的私人设计师从头到脚包装了一遍，我和杰斯、格伦三个人相互看呆了，大眼瞪小眼。效果真是太出乎我的意料了，我感觉自己像是走进了镜子里。

Vogue 杂志的采访和照片都起到了非常好的效果。我知道这些漂亮照片容易让公众把对我的注意力转移到外表上，但我觉得这个冒险值得一试；这也是一次让我的听众群扩大的好机会，特别是针对那些年轻的职业女性。如果我能够鼓励她们其中的一小部分人关注政治——比如筹备乡镇的学校委员会、为需要特殊照顾的儿童争取权益、呼吁社区和街道安全……那么我的努力就是有价值的。

外表对于女人来说，本就是个永无尽头的议题。但通过这些经历，我懂得了我的外表和给人的感觉，并不仅仅是出于健康和虚荣心的考虑，它对我来讲很重要。这听上去有点陈词滥调，但句句是事实证明的大实话：如果我的外形给人的感觉更好，我也就更有自信、更有主动性。当我更加自信时，人们就更愿意听我说话。如果有更多的人听完说话，我就能为我坚持的信念争取到更强有力的话语权。

我也知道，外表的美丽并非我的目标。我的主要目标就是当好人民公仆，在参议员的位置上更好地服务，不希望外表成为一块绊脚石，或吸引了过多的眼球效应。

也许有一天，这些对话都将变得不再必要。我也希望有一天确实能如此。就像达芙妮曾经写到的那样，"公众对女性政治家总是给予过分地关注和窥探，因为大家总还是觉得'她们'不太一样。"

第 9 章

友善待人

我一直在想如何安慰这位承受丧子之痛、和我年龄相仿的母亲，如何能帮她找到在灾难过后继续活下去的勇气。

她紧紧地抓着那卷卫生纸。一个谁都不在意的小东西，但在关键时刻，这个最小的礼物却是最暖心的礼物，帮了她大忙。

我深深地感到一股彻骨的无能为力感，我坐在这个世上有一方话语权的位置上，但我其实什么都做不了。

对我来讲，为人母最重要的工作之一，就是倾听，然后破译两个小家伙偶尔受伤、期待、叹气和担忧表情背后的真正讯号。

在"桑迪"飓风袭击斯塔顿岛[1]的第三天，我和团队开车来到这里，恰好看到纽约警方的救助小组正在寻找两个在飓风中失踪的男孩，一个两岁，一个四岁。这户人家在飓风中遭到了重创。当时，孩子的父亲正在上夜班，孩子的母亲与他电话商量，觉得最安全的方法就是去位于布鲁克林的孩子姥姥家。所以这位母亲开上他们的福特车，把两个孩子放在安全座椅上，就开始向布鲁克林方向出发。没想到飓风的强度超过了所有人的预期，伴随着瓢泼暴雨，路很快被淹了，没走几个街区，汽车就抛锚了。

这位母亲握着方向盘静静地想了一分钟，这样待在车里等待救援不是办法，救援人员还没到，车就早被洪水冲走了。所以她解开了两个孩子的儿童安全带，一手拽着一个孩子，打开车门往地势高的地方走。而正在此时，一个足足十英尺高的巨浪从大西洋海面，以迅雷不及掩耳之势向她和两个孩子扑来，在巨大的冲击下，两个孩子和她被冲散了。这位母亲慌了神，惊慌失措地爬过护栏，挨家挨户地求人帮忙找找她的孩子。然而一夜未果。

两天后，当我经过这里，那辆福特车还在抛锚的原地，四周都是被飓风刮倒的树干、破船，还有坍塌的房屋。整个斯塔顿岛一片凄凉，两个小男孩都不幸遇难身亡。

二十分钟后，我和参议员查克·舒默还有六七个当地的官员，在距离两个男孩遗体现场一英里左右的地方碰面。飓风后的狼藉和凄惨让人触目惊心，灾害程度超出了我们所有人的预想。当我和舒默一起前去慰问时，我真的不忍直视——那两个小男孩的年纪，和我的亨利、西奥差不多。我一直在想如何安慰这位承受丧子之痛、和我年龄相仿的母亲，如何能帮她找到在灾难过后继续活下去的勇气。

就在这时，我的胡思乱想就被身后一个女人的尖叫声打破。我转头一看，看见一个女人从我的右后方飞奔过来，生怕追不上我们。她一边跑一边大叫，明显受到了惊吓，声音含混不清。直到她离我们只有六七步远的时候，我才听清她在喊什么："我快死了！我在这里快死了，但是等来等去，根本没人管！"

我曾经也经历过两次飓风，但从没有像这次的灾情这么严重。我面前这个女人惊恐的声音，直插进我的脑海。她整个人都吓坏了，瑟瑟发抖。

我向她走过去，尽量克制住自己所有的情绪，问："女士，请问您怎么了？您需要我们帮忙做什么？我们可以帮您。"

一开始，我的话就像没说一样，这个女人还处于巨大的惊恐和神经紧张中，根本对我的话没有任何反应。于是我就像安慰做噩梦的小亨利一样，轻声安慰她，直到这个女人情绪平复下来，跟我们解释说，她家的房子被飓风打了个稀巴烂，整整两天两夜，她家没有电、没有自来水、没有干净的衣服，甚至连口吃的都没有。要知道，这已经是十月底了，在这么冷的晚上穿着湿漉漉的衣服食不果腹，她感觉自己要死了。

　　岛上的其他受灾的群众也加入了我们的谈话。他们的房子都在飓风中无一幸免，无家可归。这些受灾群众迫切需要食物、饮用水、干燥暖和的衣服，还有一席暂时的容身之所。舒默和我向受灾的群众保证，红十字会和其他的救援组织正在火速赶来，但这些保证，连我自己都觉得苍白无力。受灾群众非常迫切地需要最基本的生活保障，但如果红十字会不能马上赶到呢？如果红十字会无法及时搜救到飓风中失联的同胞呢？我和舒默在岛上走着，遍地都是灾民。

　　我轻轻地拥抱着刚才那个受惊的女人，告诉她别害怕，一定会有办法的。我记下了她的地址，然后打电话给红十字会。然而调度员依然是那句话，红十字会的救助车正在紧急奔往现场，预计几个小时之后就会到达，请灾民耐心等待。就这样一个解释吗？我的感觉一落千丈。作为一名参议员，我很困惑我们政府在有些时候的回应。作为一个公民，我对自己穿着干燥暖和的衣服、裹着防水的雨衣雨鞋，站在这里讲些毫无实际帮助的话而羞愧不安。这个女人需要的是立即有效的帮助。没错，岛上数以千计的受灾群众们需要救助，但是这个女人已经站在了我的面前，而我明明可以帮她。

　　我把安德鲁（我团队的成员之一，在从政之前也是一名律师）叫来，把我的信用卡交给他，然后让他去帮忙买些吃的、衣服，还有这个女人需要的基本生活用品。安德鲁于是立刻开车赶往下曼哈顿区，但那里也受到了飓风影响，大部分商店都关门停业了。安德鲁费了好大的力气，在34号街区找到了一家还在营业的 K 市场[2]，然后买了他能想到的所有用得上的东西：内衣、袜子、T 恤衫、牛仔裤、毛衣、夹克衫、围巾、吃的、矿泉水，还有卫生纸。

第二天，安德鲁终于赶回了斯塔顿岛，找到了那个女人。她正在和邻居们一起清理发霉的沙发、床垫和其他家具。当安德鲁把袋子交给她时，这个女人忍不住哭了。她感谢安德鲁带来了衣服、饮用水、吃的，但她紧紧地抓着那卷卫生纸。一个谁都不在意的小东西，但在关键时刻，这个最小的礼物却是最暖心的礼物，帮了她大忙。

众志成城、一方有难八方支援、送人玫瑰手留余香……这些话我们都说得太熟，熟到我们都忽略了它到底是什么意思。而最后归结到一点，它们都是生活的基石。

特蕾莎修女[3]曾经有句话说："如果你不能帮助一百人，那就帮助一个。"每当我觉得自己已经超负荷运转的时候，就想想这句话，会释然很多。很多时候，我们总想着如何去解决一个超复杂的问题，却无从下手，然后一直拖着，其实不如一个非常小的实际行动。给生病的朋友送碗热汤，到鳏寡孤独的邻居家慰问一下——这些实际的小行动都会让我们的生活更有意义、更好操作。这个世界很大，转变并非一朝一夕能够完成，但是我们只要沿着我们需要的方向一路向前走，相互扶持，相互温暖，小的实际行动总有一天会起到大效果。

桑迪飓风正好发生在万圣节前夕。"妈咪，那些灾区的小朋友们，怎么玩'不给糖果就捣蛋'的游戏呢？"西奥和亨利扬起天真无邪的笑脸问我。这是他们眼中的忧虑，但让大人们听了，心却像针扎了一样。我告诉两个小家伙，灾区的小朋友没办法在万圣节玩"不给糖果就捣蛋"的游戏了。西奥和亨利听了很难过，于是让我帮忙给灾区的小朋友们带些糖果过去。那些无家可归的灾民们牵动了整个纽约的心，当我带着糖果还有西奥和亨利拿出的一些故事书赶到灾区的时候，那些受灾的同胞们特别感动。那些灾区的孩子们收到小礼物之后，至少有几个小时，是开心的。

当时对我来说，作为一名参议员，最大的挑战就是如何尽快打通所有救援渠道，让灾区人民尽快得到救援。纽约市区已经尽了最大努力，集中帐篷等救灾物资，送往重灾区。然而在灾区中，有些地方的灾后救援工作有条不紊，有些则欠妥。在洛科威地区，赈灾小组在警察局附近的一块空地上码放赈灾物资，四面八方捐助的衣物来不及分类，很快就在空地上堆成了小山。如果天气晴好，一切还 OK，但飓风过后阵雨不断，这下子麻烦了。当我们赶到现场时，现场人手只能够先把夹克衫等御寒衣物抢救出来一部分，然后送给那些行动不方便、只能在家中等待救助的老弱群众。其他的衣服还没来得及挑拣分类，雨就又下起来了，这种损失让人痛心——大家好心捐献、好不容易运到灾区的衣物，还没来得及送到群众手里就湿了。遭受飓风重创的灾区几乎没有烘干机，但是没有人需要更多湿漉漉的衣服。

之后我赶往了科尼岛[4]的缓冲区。纽约市卫生局已经在此展开了工作。就在布鲁克林旋风队棒球馆附近的一个停车场，地上堆着帐篷、食品、通讯设备，联邦应急管理局[5]的救援人员也赶来帮忙。但他们遭遇了同样的问题——人手不够，大量没拆封的救灾衣物来不及分类。但与此同时，排队的灾民们已经排起了一条长龙，等着领干燥暖和的外套、手套、毛衣、毯子，还有食品和基本的洗漱用品。但是我们的志愿者分拣衣物的速度明显供应不上。

我走到那些未分类的救灾衣物旁边，然后开始亲手帮忙挑拣归类，尽量地先找到御寒保暖的外套和毯子。虽然外套和毯子并不多，但幸好还有一些。我召集了几个人跟我一起干，先把夹克衫和其他抗寒衣物挑出来，打包，然后交给志愿者，分发给排队的灾民。没有人规定我要这么做，而且说实话，我不确定这是否应纳入纽约市卫生局整体的救灾计划之内。但是我不想站在那里"表示亲切慰问"，像个废物一样帮不上忙。我希望至少能多几户人家在当晚不用挨饿受冻。

在桑迪飓风的灾情持续了几周之后，我感到整个人都垮了。每天早晨醒来，胃里都像有一个巨大的洞，怎么填都填不满，感到自己无能为力。我把这种感觉告诉乔丹森，他鼓励我一定要咬牙坚持住。但我还是像打蔫儿的茄子一样——并不是因为吃了不对的东西，而是我无法让自己重新正能量起来。那些过往的伤痛、狼藉的事件记忆一点点袭来。在威斯特彻斯特郡，两个小男孩正在院子里玩儿的时候，一根树干突然倒下来，两个小男孩被当场活活砸死。在斯塔顿岛，一对老夫妇就在床上被活活溺死。我深深地感到一股彻骨的无能为力感，我坐在这个世上有一方话语权的位置上，但我其实什么都做不了。

最后我把自己从情绪低谷中拉出来。我必须重新振作起来，等待我的是一场硬仗——就是在参议院为我选区的灾民们尽量多地争取财政和物资救援。我开始挨个地向参议员们求助。参议员丹尼尔·井上是当时参议院的财政委员会主席，一个久病缠身但非常有智慧的前辈。他在听完我的叙述之后，特别理解我的无力感，然后跟我说："我知道事态的严重性。我会帮忙。"然而谁能想到，这份向桑迪飓风灾民的 600 亿财政拨款议案，竟成为了丹尼尔平生撰写议案的绝笔。在议案通过的前六周，参议员丹尼尔前辈因病辞世。

此外，我也想方设法地说服我的同事们，向他们讲述那个母亲和在飓风中丧命的两个男孩的惨剧。我希望在灾难面前，能够展现出更多充满人性的一面。在议案论证当天的早晨，我神情凝重，把头发向后梳起，素面朝天（我只有在会拍照的情况下化妆，其他时候都是素颜）。我向参议院的环境与公共工程委员会讲述了格伦达·摩尔和她死去的两个男孩。传统意义上来讲，委员会已经对基础设施方面的证词有了前期了解——但只是事实数据上的了解，并不涉及真情实感。在我的论证发言中，我讲着讲着失去了情绪控制，淌下泪来，但我并不在乎。从之前的 9·11 医保议案还有"不问不说"废止令议案中，我学到一个经验。我的目标就是要将这种疼痛感传递给在座每一个人，让大家切身体会到被飓风摧毁家园、无家可归甚至妻离子散的绝望与伤痛。

而令人欣慰的是，生命本身还没有如此让人心碎，一些小小的善意能够起到非常重要的作用，虽然拯救不了地球，但至少对于个体而言，能点亮一个人的心。

在几年前，我的一个国会同事正在为改选问题身心俱惫。这场改选对她来讲就像一场炼狱——她的竞争对手是个土豪，超级有钱，竞选经费一掷千金。巨大的压力让她迅速地瘦下来，"衣带渐宽终不悔，为钱消得人憔悴"。于是我决定给她一个惊喜，偷偷为她买了一身合身又漂亮的小套装（我在这些年练就了一个本事，对女人的穿衣尺码一猜就准）。然后在竞选投票当天，我悄悄把她拉到参议院的一个私人房间，把这件包好了的小套装送给她。"为你竞选助威的小礼物，"我说，"你看你瘦的，都没空捯饬自己了。"

不出所料，套装非常合身，她穿着这身衣服参加了下一场辩论。在刚刚穿上之后，她就给我发短信说谢谢，并且信心倍增，"看我怎么打倒这个家伙"！

在我的办公室，我们经常在一些小方面互相帮忙。其实作为参议员，在我每天办公的大部分时间，并不是在起草新法律，或者在研究改变世界的大议题。我都是在做一些具体的小事——帮助那些我能帮助到的人，发起会议，帮那些绿卡或公民资格出现问题的移民打电话解决问题。我的移民工作组特别擅长解决这些问题，非常清楚应该在什么时候、什么情况下打给谁，应该在电话里怎么讲才能把事情办妥。比如某个人的祖母需要到美国参加儿孙的婚礼或葬礼，但是当事人只有限制性签证，怎么能让当事人和家人更好地团聚。

同样的，人们的一点点小善，对我来说都意义重大。在我刚刚成为参议员的第一个月，正当我处于"新人期"的手忙脚乱时，参议员黛安·范士丹就为我送上一场"及时雨"。她主动邀请我吃午饭，然后分享了她的经验——如何在参议员的职位上，整理繁杂无绪的日程安排和工作量。此外，她还带我去看了她助理统计来的所有报告和更新事项，给我逐一解释，哪些是要每日过目的，哪些是一个星期看一次就可以的；如何处理参议员办公室每日接踵而至的来电——议题相关的如何处理，立法相关的如何处理，团队内部事项相关的如何处理……黛安甚至给我看了她每周要上交的工作周报——让我更直观地了解参议员的这个位置到底如何去做——而这些，都是黛安在数十年的国会工作中，从犯的错误、做的努力尝试和实战思考中总结出来的"真经"。这真是一场太及时的"及时雨"！我感觉我就像是掌握了可口可乐和百事可乐的配料秘方一样，黛安教给我的，正是"如何做好一个参议员"的秘方秘籍啊！面对国会江湖的血雨腥风，黛安给我的并非一件救急的兵器，而是一本从此可以自行修炼、仗步天下的"武林秘籍"[6]！

而在西奥参加的棒球队，西奥一个小伙伴的爸爸就经常帮忙开车把西奥捎回家。他怕我每周麻烦他会觉得不好意思，于是每次都主动地说"顺路而已"。西奥的棒球训练要到晚上 8 点才结束，如果我自己开车接西奥回家，亨利就要在车上等着，会错过他上床睡觉的时间。

而我也喜欢把这些小小的善意回报给更多的人。2012 年，一个叫图尔西·加伯德的年轻女人准备参选夏威夷第二选区的候选人。她整整为此筹备了 6 个月，但仅仅赢来了 5% 的认可度，离民主党的领先候选人差了整整 45 个百分点。但我相信她。在当年的 9 · 11 事件之后，她志愿到伊拉克服务，给那些清一色的男性警察部队做培训。在培训的第一天，没有一个伊拉克人给她好脸色看。但是到了最后一天，所有的伊拉克男性警官都对她肃然起敬。当我第一次遇到她时，就跟她说："我会帮你到国会来，这样我们就能一起工作了！"而这也是肺腑之言。华盛顿需要像图尔西这样的女性。而我也曾经遭遇过和她类似的困境——作为一个参与国会竞选的新人，举目无亲，没人认可，没人相信。我为此动用了整个的人脉关系网，给几千名女性朋友（她们也都愿意帮助其他女性）挨个打电话请求帮助支持。结果你猜怎么样？图尔西竟然赢了！她现在是美国国会的第一个信奉印度教的议员，同时还是我们垒球队的一把好手，在我的美国军队性侵议案中，她成为了民主党的领头支持者。

在我住的社区，有时候我也会周末邀请两三个男孩子来家里看电影，这样他们的爸妈就能抽空去约个会，或者我会在带西奥去上计算机课的时候，也会顺路捎上几个邻家小孩。在家里，这些小事情让孩子们非常开心。给西奥做他最爱吃的裹面包屑炸鸡，找他们喜欢的足球队服，做小游戏……生活的每个小细节都有温馨。真正的人生大道理不是课堂上讲出来的，而是孩子们在一点一滴的生活中感受到的。

对我来讲，为人母最重要的工作之一，就是倾听，然后破译两个小家伙偶尔受伤、期待、叹气和担忧表情背后的真正讯号。比如说，当西奥嚷嚷着自己不舒服的时候，我知道他只是撒娇，根本不是真病了。但当他真的病了，他会很详细具体地告诉你到底是哪里不舒服或疼痛。而很多时候他的回答含糊不清，特别是当他在学校的时候。西奥的话不多，性格相对安静，每次我大概要问上超过 20 个问题，才能明白他说"感觉不舒服"的背后到底是怎么回事——比如他和同学闹了一点小摩擦；或者他本是开玩笑，结果小伙伴恼了；再或者是他喜欢的小女生说他像个外星人等等这些小破事。但是亨利就不同了，他可没他哥哥那么安静省心。他最大的麻烦就是表达的情绪太强烈。每次我都要从他哗啦啦一大通表述中听明白到底是出了什么事儿。

比如说，有一天早晨，西奥发烧了——真的发烧了。他跟我说自己的头好烫，然后我跟他说"今天别去上学了，妈咪照顾你"。这话让亨利听见了，亨利也想在家赖着不去上学，于是就开始装病。

开始，亨利这个小鬼先是说："妈咪，我觉得不太舒服，有点头疼……"

我跟他说："宝贝，坚持一下，还是要去上学的。"

一分钟后，亨利一计不成又施一计，"妈咪，我恶心想吐……"

"好吧宝贝，如果你要吐的话，妈咪会把你从学校接回来，送到妈咪的办公室。然后你就可以吐到西奥身上。"

显然，亨利没听懂我的幽默，但他终于说出了自己想说的话："我觉得妈咪只疼哥哥，不疼我了！因为哥哥可以在家，不用去上学！"

我相信你能想象这种情况，当你早晨已经迟到，正要收拾东西夺门而出，结果听到这么一句又好气又好笑的话。我把包放下，弯下腰来跟亨利说："宝贝，妈咪很爱你。赶明儿我们一起过一个'妈咪和亨利的节日'。但是生病不是闹着玩的。你去上学会更有意思呀，比坐在妈咪的办公室里什么都玩不了要开心多了，是不是？"

亨利看着我，我知道他宣布投降了。无论在工作还是生活中，我都会挖掘这些"真正的小心思"。但是在那周，盼来他的"妈咪和亨利的节日"。在轮到我和西奥单独过节的时候，我们会在一起吃早午饭，带他去剪头发，一起去吃一次特别的晚餐，再给他买一件心仪的新衬衫。然后我去修脚，他就坐在我腿上。我很珍惜一整天都单独陪着西奥的"二人时光"。也没有什么特别的事情，但我们都非常喜欢这种方式。

第 10 章

女汉子也有几个姐妹淘

我们从不谈论生活中那些"重要"的大事——什么案子、什么竞选、什么父母生病了孩子不听话了、什么怀孕了，统统都靠边。我们就聊一些傻乎乎的生活琐事。

我可以在闺蜜姐妹淘中让自己重新充电，鼓足干劲儿迎接生活大戏——接着养孩子，接着经营婚姻，接着为我的选民争取权益……

我真的没有太多时间去从零开始认识朋友，而孩子们小伙伴的妈妈们，我们组成了亲密的妈咪团。

朋友就像是我们的战友和姐妹，有时候不是亲人却胜似亲人。当加比向人群挥手致意时，我为能有加比这个朋友感到由衷的自豪。

2011 年 12 月的一个星期天，我一大早起来，吻别了两个小家伙，赶上 9 时 44 分的航班，从里根机场飞往纽瓦克[1]，和新泽西州的一位女性筹款人见面洽谈，接着赶往曼哈顿的市区参加一场新闻发布会，然后面试了我在纽约办公室空缺的一个社区外展职位的应聘者，再然后去同事贾尼丝和斯图尔特的家里，参加了一个民主党参议员的聚餐。然后，我从聚餐中逃出来，赶往上东区的闺蜜安吉拉家里。

你真的不知道在敲开安吉拉家门的那一刻，我有多开心。

我在早晨就知道那是超级漫长的一天（这还不算结束，当天还有一个财务会议和一个筹款人晚餐宴请等着我）。但我还是坚持在日程表上挤出一行，写着："14:30-16:30，个人时间。"

日程表上的"个人时间"，对我来说可以意味着很多东西——去看医生，去校园音乐会，或者去打一场壁球赛。但是在这个周日，"个人时间"意味着去闺蜜安吉拉家小憩。我们两个在达维律所认识，曾经在无数个晚上一起加班熬夜，建立了深厚的革命友谊。

从我进了安吉拉家的那一刻起，整个神经就都放松下来了。我知道，我不用再说话小心翼翼，不用再"说话慢一点，做事快一点，话到嘴边留半句"，我可以想说什么就说什么，可以不顾形象地往沙发上一歪，好闺蜜之间，对方最放松自然的状态都能被无条件接受。我一进门就把外套脱下来一扔，把高跟鞋一甩，然后坐在厨房的凳子上和安吉拉一起扯闲篇儿，把孩子们吃完午饭的盘子放到水池子里。安吉拉和我一样都过着"女超人"的日子——她现在是达维律所的合伙人，有两个不到五岁的娃娃，这也就意味着，她不可能有太多闲工夫锻炼、陪丈夫、读一本好玩的书，或者就是单纯地放松一下歇口气。但尽管如此——或者说正因为如此，才促成了我们俩牢固的革命友谊。友谊对我来说就是胶水，让我能把自己和生活的各部分无缝拼合在一起。

我们从不谈论生活中那些"重要"的大事——什么案子、什么竞选、什么父母生病了孩子不听话了、什么怀孕了，统统都靠边。我们就聊一些傻乎乎的生活琐事——比如为啥英国丈夫一到假期就雷打不动地去玩赛车，为啥英国丈夫都指望自己的太太变身教育专家，节食真是太受罪了减个肥容易吗……安吉拉最近瘦了10磅，衣服尺码缩到了4码，而我减肥后反弹，又变回了6码。我就把一些我穿不下了但她应该正好能穿的衣服抱过来，让她试试哪件喜欢。一般来讲我抱过来的衣服有两种，一种是几乎没怎么穿过的，一种是买回来之后根本没穿过的。我和闺蜜们经常换衣服穿。安吉拉经常把一些她不合身或不太适合的衣服抱过来给我，我也经常把我的拿过来给她，包括乔丹森在我怀孕之前给我买的一条红黑相间的巴宝莉[2]抹胸裙。有时候，借来的裙子倒恰恰是最适合自己的。

就像男人们玩权力交易一样，女人们之间玩的就是衣服交易。自从我2010年减肥以来，我就从我嫂子那里借了不少白色网球衫，还从闺蜜蕾切尔那里借了不少工作服。甚至蕾切尔的姐姐还给了我不少"姐妹淘二手货"——那真是一堆宝贝，我真的要给蕾切尔姐姐的服装品味手动点赞，那些衣服既优雅考究，又符合工作场合的低调和严肃。在过去的五年里，我的身材就像是个弹力球一样，从4码到16码，每个码都穿过。谁会买7大衣柜的衣服？所以我很开心地把自己穿不了的衣服送人，然后换回来一些自己能穿的。我甚至给自己办公室的女同事送了好多我之前的衣服。我的法律总顾问米凯莱，已经当了三次孩儿妈，我之前那些最大号的衣服总算派上了用场。搞得杰斯经常出现思维混乱——看到一个女人穿着我之前穿过的衣服，从办公室晃过去……

离开安吉拉家之前，我跟她说我还有一条钉珠裙子，是我单身时候买的，没怎么上过身，下次给她带过来。我们还约定跨年夜的时候穿着"新"礼服聚会。然后我从她家出来，回到财政会议室，赴工作晚宴，回归我的真实生活。

女人在一起总会八卦工作和家庭，这两者都很重要。但对我来说，闺蜜友谊就像是生活三脚架中的第三个角，维系着工作和家庭的平衡。这是一种选择，而不是责任义务。我可以在闺蜜姐妹淘中让自己重新充电，鼓足干劲儿迎接生活大戏——接着养孩子，接着经营婚姻，接着为我的选民争取权益……

我经常出差，因为我对自己的日程有掌控权，所以我会尽量挤出时间顺路拜访闺蜜。有时候就是二十分钟（如果幸运的话，我能有一两个小时的时间），足迹遍布奥尔巴尼、洛杉矶、丹佛、伦敦……甚至是一个办理登机手续的工夫,也可以有小惊喜。我的发小伊莱恩有一次就"空降"了一次生日晚宴的惊喜给我,因为她知道我太忙了自己根本来不及准备,但是如果生日当天都在加班熬夜地连轴工作,我内心会很失落。还有一个发小叫佩奇,我俩从高中就认识,在各自成家之后,她不止一次地邀请我们全家到她那里去过万圣节。因为她知道我家住在郊区太偏了,西奥和亨利还太小,在郊区的大晚上去挨家挨户地玩"不给糖果就捣蛋"的游戏不太安全。

我的发小们是我最忠实的后援。在我 2008 年国会竞选的时候,在我上台和"屌爆侠"最后一场辩论之前,伊莱恩和佩奇就把我带到休息室,给我准备了好多零食(她们非常了解我,我只要一饿就容易紧张、易怒、情绪容易失控)。她们俩还给我讲竞选的搞笑段子,让我稍微放松下,不要过于紧张。最后在我上场前,她俩还细心地帮我检查了牙齿,确保上边没有零食的碎渣,才安心让我上场。

她们在那里,就是我心里莫大的安慰。而如果闺蜜们需要我帮忙,我也会义无反顾(虽然有时候我需要提前六个月或九个月规划日程表)。比如亚历山德拉希望我当她闺女的教母,我就提前安排洗礼仪式的那天正好在洛杉矶。同样的还有去纽约为露西的女儿受洗,去伦敦为吉莉安的儿子受洗,去阿尔巴尼为艾琳的孩子们受洗。我和我的闺蜜们手挽着手,共同分担分手的难过、婚礼前夕的紧张,甚至是发型、化妆这种小事的纠结。我们在怀孕的时候一起揉着肿胀的脚踝和酸痛的后背,在无数的紧要关头共患难。伊莱恩的妈妈得了老年痴呆症,她要给妈妈转院,请我给她帮忙带几天孩子我当然责无旁贷。

　　像很多一边带孩子一边工作的女性朋友一样，我认识的新朋友也很大程度上源于孩子们。我真的没有太多时间去从零开始认识朋友，而孩子小伙伴的妈妈们，我们组成了亲密的妈咪团。比如有两个情人节的晚上，我都是和西奥一个名叫威尔逊的小伙伴的妈妈一起过的（我真是忍不住要说，西奥交朋友的品味真是非常好）。威尔逊的妈妈和我情况一样，都是丈夫在外地出差，所以在第一个情人节晚上，我们就两个"大女人"，外加西奥、亨利、威尔逊三个"小男人"一起做了一个情人节晚餐。我亲自下厨做了牛排、蔬菜沙拉，和威尔逊的妈妈一起干了一瓶红酒。在第二个情人节，我们计划在当地的一家名叫"拉洛马"的墨西哥餐厅碰面吃饭，但那天晚上变成了大惨败——拉洛马餐厅有三家分店，而我们在之前并不知道，就各自去了不同的分店。更糟的是，因为小亨利一直霸占我的手机玩植物大战僵尸，我的手机没电了……但经过一番波折，我们终于还是聚到了一起，点了一大盘烤干酪辣味玉米片，吃得超级开心。

　　政界的友谊就和私下的闺蜜党明显不同了，但它依然给我的生活带来平衡和温暖。我在采访中曾经就这个话题聊过很多，但这里还是忍不住想再说几句：国会的女性议员们办事非常高效的一个原因，就是我们都平时私下就非常了解对方，而且特别欣赏对方。2009 年 4 月，亨利 11 个月大，我的朋友黛比·沃瑟曼·舒尔茨组织了一个国会的女子垒球队。其实在这前一年，黛比已经被查出患有乳腺癌。但她愣是瞒着国会的所有人，直到自己做完了乳房切除手术。当黛比康复后重新上班，她把我们聚到一起，问是否愿意加入一个筹款小组，在年轻女性中普及预防乳腺癌的意识。我当时从没打过垒球，根本不知道该怎么入手，上了场还是打网球的那套路数。但我还是很开心能加入。想起来，我们队也算蛮拼的了，只有一个队员年龄低于四十岁，平均年龄都超过 50 了，来自各个州，特别有意思。

我们第一次的练习场地，选在了一个可以遛狗的小公园，因为公园中心的人行道拼成了 X 形状，当地人俗称"X 公园"。一群平均年龄超过 50 岁的"阿姨"们打垒球，能够平平安安、不拉伤肌肉已经算不错了。如果说我们队的这些队员们有相同点，那就是一个个都斗志十足。我们其中的一个投手格蕾丝·拿波丽唐诺——已经 72 岁了，在高中时就开始打垒球。当然啦，我们这群"阿姨"还是敌不过对方——国会两党相对年轻的同事们。比分 8 比 15，销魂啊。

从此之后，我就每个赛季都准时参加。在晨跑过后，我就和教练托丽·巴尔内斯，参议员凯莉·阿尤特，还有众议员谢莉·摩尔·卡皮托在一起练手。他们都比我的发球速度要快，但是很愿意放缓速度，一边打垒球一边能闲聊几句家常，比如谢莉儿子要结婚啦，凯莉和孩子们周末怎么过的，诸如此类。我们政见不同，在不同的议题上有各自的坚持，但这并不影响我们一起晨跑和打球。在晨跑三英里，打整整一小时的垒球之后，我们就像正常朋友一样。每当参议院或众议院又新来了一名女同胞，我问的第一个问题就是："你想打垒球吗？"垒球队成了国会女性议员的一个特殊纽带，让我们紧紧联系在了一起。

此外，参议院的女同胞们还通过其他方式增进友谊。大概在十年前，参议员米可斯奇每个季度都张罗私房菜小聚，目的就是让女性参议员们彼此有个机会能多交流联系。在私房菜小聚中，我们不再是政治盟军或潜在的"选票"，而是纯粹的女儿、妻子、母亲的角色。现在我们已经开始轮流做东，听起来就像我在推销一本"参议院女性私房菜菜谱"一样：芭芭拉·米克拉斯会做地道的马里兰蟹肉饼，苏珊·柯林斯的绝活就是香甜土豆沙拉，艾米·克罗巴查尔做的菰米沙拉好吃得让人忘不了，丽莎·穆尔科斯基更生猛，她家的冰箱里有她丈夫从阿拉斯加亲自捕获的大马哈鱼，她会把鱼做得喷香扑鼻，引得我们口水直流。我们这些参议员的女同胞甚至在白宫的蓝厅[3]里都举办过晚餐聚会。有一次，我提议奥巴马总统做东，我们这些女性参议员想有个晚餐聚会，奥巴马说好呀，丽莎说她准备露一手，于是白宫主厨非常荣幸地帮她备好了阿拉斯加大比目鱼做原料。晚宴比我们平常的私房菜小聚当然要更正式一些，我们坐在长桌旁，奥巴马总统做东，听我们每个人轮流发言表达观点、发起议题。这对于女性参议员来讲，是一个发出声音、同时倾听他人声音的大好机会。女性议员们只有众志成城，才能爆发出更大的力量。

非常幸运的是，我也和一些在其他公共领域中非常杰出的优秀女性们建立了很深的友谊。比如说女演员康妮·布里登，她和我是大学同学，在一起去中国做暑期交流生的时候就认识了。当时我们一行四个人，除了我和康妮，还有艾米和德纳两个姑娘。从我们下飞机踏上北京土地的那一刻开始，我们四个就变成了彼此最亲的姐妹。空气中漂浮的煤烟熏得眼睛难受，每天的皮肤上都能沾上浮尘和烟灰。宿舍就住在水泥楼里，床上铺了一层草垫[4]，我们就睡在上面。厕所就是地上的一个洞，每天只有冷水淋浴。在第一天的欢迎晚宴上，我们的东道主端上了一盘特别易碎的整鱼，他的大眼睛朝我们上下打量，好像我们从没见过中国菜一样。

我们四个很快就成了亲密无间的好姐妹，感知着这里对我们来讲的异国文化。我们也谈一些生活琐事，比如男朋友怎么这么久才写信过来。一个月之后，我们四姐妹开始鼓起勇气，在每个周末都坐火车去中国的各处"探索发现"。如果没有彼此，我们的中国之旅不可能如此丰富多彩。四个人不是姐妹胜似姐妹，觉得只要四个人凑在一起，就什么都不用怕。

大学毕业之后，康妮和我失去了联系。多年之后，当她重新回到母校达特茅斯学院小聚，其中一个朋友问她，要不要听柯尔斯顿·吉尔布兰德讲一段话？康妮的反应是："柯尔斯顿·吉尔布兰德？这家伙是谁啊？"（康妮只知道我叫蒂娜·陆天娜）。但我们还是非常愉快地久别重逢，喜不自胜。几年之前，康妮打电话给我，说她收养了一个外国小孩，叫恩伯。现在出了点问题，国外收养的程序又臭又长，迟迟办不下来，可是小孩最好在一岁前和养父母生活在一起培养感情。康妮担心恩伯得不到及时的照料，对日后的感情也不好。我跟她说，我一定尽全力帮忙。我能理解康妮作为养母的担心和焦虑。

当然了，和我的工作比起来，康妮的工作就更迷人了。每次和她谈论她塑造的角色，都非常有意思。虽然工作不同，但我和康妮有一点是一样的——都是尽可能地让女性发出声音，让女性的声音能被社会听到。在电影版的《胜利之光》[5]里康妮饰演的塔米·泰勒，是一名足球教练的妻子。这只是个配角，人物形象并不饱满，所以当执行制片人彼得·贝格邀请康妮出演《胜利之光》的美剧版时，康妮犹豫了。她对那些寡言少语的女性角色已经演烦了。在彼得的再三恳求下，康妮同意出演，但是有个条件——塔米·泰勒一定要是一个内心强大的女人，发出强有力的声音。

于是，康妮就像推土机一样，重新塑造塔米·泰勒的小荧幕形象。在拿到脚本之后，她用她那种南部姑娘的优雅方式，每周都不间断地给彼得打电话，催促他把塔米·泰勒的形象挖掘得更深入。"我拿到这些，然后搬去奥斯丁和德克萨斯，到底是为了什么？我是怎么想的？为了足球和这些花花公子？"康妮在最近跟我说，"但是我知道，这是我准备就绪，找到话语权的好机会。作为一个女演员，你其实是把全部的自己投入工作，而你能呈现出的荧幕形象，很大程度都取决于你作为女性的阅历和经验。你必须敢于上前，敢于冒险。如果你永远为了稳妥而在一边旁观，永远不会有任何改变。"阿门。

当然，还有一个非常了不起的闺蜜，加比·吉福兹。

当我还没有和加比正式见过面，只是从电视中看到过她的时候，就有一种天然的亲切感。到了华盛顿之后，她成了我在国会最亲密无间的闺蜜。我们同时到国会工作，都是在三十多岁中叶（我还要比她稍微大两岁），而且都是从"红变蓝"的选区出来的。我们一起成长，无论是工作还是生活中都相互促进，而这种友谊在华盛顿并不常见。2011年的新年刚过，我和乔丹森，还有加比和她丈夫马克，一行四个人一起去国会山第八街道的"火柴盒"店聚餐。加比和我聊着竞选中的烦心事，也聊到了她和马克前一段刚从罗马玩儿了一趟回来。他们竟然有幸得到了罗马教皇的接见，还能有大把的时间来仔细欣赏罗马艺术和建筑。

而就在一周之后，1月8日，在亚利桑那州的图森市，当加比正在当地一家食品超市外与集会选民交谈时，包括加比在内的18名人员遭到枪击。

当众议员希思·舒勒（我和加比共同的朋友）打电话告诉我这个消息的时候，我正和乔丹森在样板房看瓷砖和装修材料。乔丹森看到我接完电话整个脸都变了。我们放下瓷砖，二话不说赶紧开车往家赶，而就在半路的一个餐馆旁边，我们决定先停车——西奥和亨利还在保姆的照看下愉快地玩耍，我们不想让两个孩子看到妈咪和爸爸这么难过。正当我们在餐馆的酒吧坐下来的时候，黛比打电话过来，她正在佛罗里达州，正开车带她七岁的孩子去参加足球联赛。黛比说，她听说加比头部中弹，可能是致命一击。

"我们现在还不了解情况，不能妄下断言。"我说，我不想相信这些小道消息，并和黛比约定，共同关注最新消息，等事情尽快地水落石出。

之后大概有一个小时，我都处于巨大的震惊之中，浑身发抖，在乔丹森怀里大哭。乔丹森搂着我，试图让我平复下来。整个世界似乎只剩下了我们两个，一同默默为加比祈祷。乔丹森不断地刷新着手机新闻，最终证实加比已经身亡的消息是假的。加比没死！我立刻给黛比打电话——她当时还在开车。乔丹森和我开车回家，希望我们不要在孩子面前情绪流露得太明显。

接连几天，有线新闻都一直在跟踪加比遭枪击事件。新闻记者基本上把他们能见到的议员都采访了，可是这其中有些人根本不了解加比。

有一个同事竟然说加比每天"得意洋洋的",这绝对是对当事人的极大挑衅。而我只想远离人群,默默地关起门来为加比祈祷。这起枪击事件造成六名人员身亡。我的公关总监已经收到了数十个采访邀请,希望我针对加比事件谈一谈,我都一一婉拒了。但是当加比的办公室主任皮亚通过杰斯联系到我,希望我能在电视栏目中谈一谈真实的加比的时候,我觉得自己必须答应。在如此时刻,还原给大众一个真实的加比,是我能为好朋友做的唯一一件事情。

四天之后,也就是 1 月 12 日,当我正打算重新振作精神,完成我和加比共同的工作时,我收到了一份意外邀请——奥巴马总统要出访亚利桑那州,他邀请了我和黛比、南希·佩洛西,还有国会的所有亚利桑那州代表一同前往,为在枪击事件中的遇难者进行哀悼。我火速奔回家换衣服,然后在三小时内赶上了总统的专机。我太感谢总统能够给我这次随行机会,悲剧让人陷入无助和孤独,但是这个邀请可以大大地减轻心中的孤立感。

在亚利桑那州的那天,令我终身难忘。我们降落在图森市之后,议长南希、黛比还有我去医院看望加比。加比的丈夫马克提前告诉我们说,加比现在面无表情,双眼紧闭。想看看她其实并不容易——她的头部裹着严严实实的纱布,嘴里插着各种管子。

我来到加比的病床边,握紧她的手。在我们进入政界之前,我和加比就是好朋友。我不知道她能苏醒的几率有多渺茫,上次见面还那么内心强壮、被爱包裹的好友,现在身负重伤,在医院性命垂危。但是当我和黛比在加比的病床前不断为她祈祷的时候,我们看到加比挣扎着睁开那只没有被纱布裹上的眼睛，马克攥着她的手，身子轻轻地向前探，问道：
"加比，你能看见我吗？"整个病房瞬间鸦雀无声。

"加比，你能看见吗？"马克说，"给我一个手势！"

慢慢地，慢慢地，加比从病床边挪动了她的右手，挣扎着伸出右手大拇指。我们一下子都哭了。在那一刻，加比向马克和在场所有人证明了，她能听得懂我们说话！这是需要多么大的决心和毅力，才能和死神做殊死搏斗，又重新回到我们身边。

当天下午，总统的演讲特别有力。他向枪击事件中所有遇难者表示深切的哀悼和敬意。约翰·罗尔法官，在事发当天刚刚从教堂回来，在开车回家的路上路过那家食品超市，仅仅是和加比打了个招呼；菲利斯·施奈克，有 3 个孩子，7 个孙辈，还有一个两岁的小重孙女；乔治·莫里斯，为妻子桃乐丝挡了一枪，不幸身亡；齐默尔曼，加比的公关总监，已经订婚，正打算明年办婚礼；多尔旺·斯杜达特，同样是为妻子挡了一枪，不幸身亡；还有一个九岁的小姑娘克里斯蒂娜·格林，她生于 2001 年 9 月 11 日，是美国少年棒球联赛中唯一一个女孩，一心想成为打入美国职业棒球大联盟的第一位女性选手。

"你能想象吗，这么一个九岁的小姑娘，她刚刚懵懂的意识到我们的民主，刚刚开始了解一个公民的权利义务，刚刚开始设想自己有一天，也能推动这个国家的未来，"奥巴马总统对克里斯蒂娜的死亡表示痛心，"她刚刚被选入学生会，她还对公共事业充满了兴奋和期待，她来这里去见她心中的女议员，一个她心中非常重要的女性榜样。她还在用一双孩子的眼睛看待这个国家，却被我们成人的世界无情枪杀。

"我希望我们不辜负克里斯蒂娜的期望。我希望我们的民主真的能像她想象的那么好。我希望我们的国家能像她想象的那么好。我们每一个人，都应该尽自己最大的努力，让这个国家像我们的孩子期盼的那么美好。"

之后的一年，加比不断转院、在家休养，而我也不间断地前去看望她。有一天晚上，我干脆就在她的医院病床边上睡了，这样就能让她在早晨6时一睁眼就看到我。每次我见到加比，她的乐观和积极都让我惊讶。2012年1月，离加比的枪击案仅仅时隔一年，加比就满血复活，飞回了华盛顿去听总统的国情咨文演讲。演说开始之前，我们抽空到附近的科卡士服装店逛了逛（加比在这家店还有礼品券没用，是别人送她的新婚礼物）。我们各自试了试喜欢的衣服，加比挑了一件亮红色的上装，穿起来真的好美。那一刻，我感觉似乎什么都没变，没有枪击案，没有岁月，我们都回到了刚刚成为国会新人的那一年。当然，早已事殊世异。加比经历了一场大难，靠着自身的强大毅力和丈夫的关爱蹚过鬼门关，又挺过了一整年的理疗。她向这个国家证实了，什么是真正的复苏。

那天晚上，当她走进奥巴马总统在国会大厅举行的的国情咨文演讲现场，所有人的目光都注视着她。她的目光坚定，带着一种不屈不挠的魅力，让我深深折服。朋友就像是我们的战友和姐妹，有时候不是亲人却胜似亲人。当加比向人群挥手致意时，我为能有加比这个朋友感到由衷的自豪。她播种了胜利的种子，用生命践行了邪不压正的品格。我在一旁如鲠在喉。因为我知道，她在继续为此邦热土的公民而奋斗；因为我知道，她会归来，她已归来。

第 11 章

不是为现今的机会吗？

我很关心我们国家的军队，特别是军队中的个人。就这样，我决定啃下"军队性侵议案"这块硬骨头。

我们的部队每年有成千上万的服役军人遭到强奸，但是我们的政府官员却为此提供了制度的温床。

我知道，面对盘根错节的国防部和军方势力，这个议案将会是一场艰苦的持久战。

她在部队第一次遭遇强奸的时候，看上去只有 16 岁，还是处女。当性侵发生之后，她讨厌给她父亲打电话，讨厌解释自己为什么不是处女了。

有些时候，我们是主动地去追寻生活的意义与使命，而在另一些时候，这些意义与使命也会主动来找你。当一个问题发生的时候，也许你只是无心地路过，但却发现你恰好是在最恰好的时间最恰好的地点，作为一个最恰好的人去做了一件最恰好的事。毫无疑问，你一定有其他的计划，比如你本应该在这个时间去当一个足球队的教练，本应该在这个时间去读一本非常有用的书，本应该在这个时间去跑完剩下的马拉松……但是一种强大的意义和使命感，会让你停下来，听听这件"恰好"的故事，然后遵从自己的良心和能力，不再旁观。

这就是我之所以惹上美国国防部，为军队性侵议案坚持斗争的原因。我本来没打算做这个议题。坦诚来讲，在我来国会工作、变身"人民公仆"的前四年，我并不知道里边的门道有多少、水有多深。我只是无心恰好地听到了很多部队中的男男女女，在我们这个标榜民主自由的国度，遭受的你能想象的最坏最残酷的性侵害。部队中官官相护，长官会用特权庇护那些惯犯，让他们免遭控诉。这些性侵的受害者需要扩音器来发出他们的声音，而我恰恰就是成为了一个"扩音器"。对我而言，跟国防部叫板、为美军部队性侵的议案斗争，是我从政生涯中非常重要、浓墨重彩的一笔。

事情的真相是这样的：我在正式关注这个议题之前，已经有两件事找上门来，让我意识到事态的严重性。2012 年，一个好朋友在做一个关于军队性侵的纪录片，问我能不能有时间关注一下军队性侵的议题。我说："好的！我一定关注！"但是"好的！我一定关注"这句话，其实我在面对很多的请求时，都说过同样的话。我会留心事情的动态，然后等待时机成熟的时候举行听证会并提请议案。那年，伴随着美国国防授权法案的进展，很多军队中遭遇性侵的女性，并不愿意把自己被强奸的事实公之于众，通过诉讼争取到自己因性侵造成的流产、疾病等医疗健康费用[1]。我曾经也写过相关的改善提议，并得到了通过，但是这些改善提议不过是隔靴搔痒，根本没有触及到军队性侵背后，盘根错节的问题实质。

我的另一个朋友玛利亚·科莫·科尔，也再度唤起了我对军队性侵问题的关注。她当时正在做一部纪录片《隐蔽的战争》[2]，刚刚完工，希望我能看看这部片子，关注一下这个问题。我说："好的！我一定关注！"但就是影片短短的 90 分钟，重新打开了我对军队性侵问题的视野，意识到了事态的严重性与深远影响。我很关心我们国家的军队，特别是军队中的个人。就这样，我决定啃下"军队性侵议案"这块硬骨头。

我安排我的团队一起到会议室看《隐蔽的战争》这部片子，但是当观影时间到了的时候，我发现来的都是女人——我的法务总监布鲁克·贾米森，办公室副主任安妮·布兰德利，公关总监宝芬妮·来塞，还有三个部队女职员艾拉纳·布鲁特曼、布鲁克·吉赛尔和卡蒂·帕克。男人都去哪儿了？当然全溜之大吉。

"妈蛋，一个男人都没来，我们这群女人在这看性侵的片子有个毛意义。"我忍不住了，去办公室把杰斯和格伦拎了过来。杰斯和格伦当时正在办公桌前，于是我跟他俩说，看这部片子不是邀请，而是命令。于是他俩乖乖跟着我来到了会议室看片子。整个的90分钟放映时间里，会议室都是一种几近可怕的鸦雀无声。我们静静地看着这些服役的男女士兵讲述他们被上司或同事实施强暴的过程，而在强暴之后，部队又是如何对这些事情置之不理，找个庇护伞让施害者逍遥法外。

这些遭到强暴和性侵的男女，就在这个"五湖四海到一起，咱们都是亲弟兄"的军队里遭到了最惨不忍睹的性暴力。但是所有的性侵事件发生后，部队指挥官可以一手遮天——指挥官有权干预案件，决定这起性侵事件是否能提起上诉。就算获准提起上诉，并且最后官司打赢且施暴者被定罪，指挥官都依然保有推翻审判团判决的权利。这些部队指挥官没有受过法律训练，更不会讲"用事实说话"。在部队崇高荣誉的外表下，他们暗度陈仓、沽名钓誉、包庇属下。史黛西·汤普森是部队服役的一名女兵，一名小队长在她的饮料中下了药，强奸了她，然后把她扔在了凌晨4时的大街上。当她醒来报案之后，那个小队长的朋友们开始对她进行报复，跟调查员说史黛西滥用毒品。史黛西百口莫辩，否认自己有过吸毒史，但是调查员不由分说，仅凭小队长的一面之词就认定她说谎。最后，史黛西以滥用毒品为名被处以不名誉退役。因为不名誉退役她被剥夺所有待遇，留下的只有公众的误解和自己百口难辩的委屈。布莱恩·路易斯是一个20岁的火力技术员，在美国军舰弗兰克·凯布尔号[3]任职。他希望自己的服役期能够有所延长，于是当一位海军长官跟他说可以一起吃个晚饭聊一聊，给他一些建议的时候，布莱恩答应了。晚餐之后，这位长官强暴了布莱恩。完事后，布莱恩被另一位长官威胁闭嘴。然后他又被迫回到船上，继续回到了强暴他的那位长官身边。特瑞娜·麦克唐纳，是一名来自西弗吉尼亚州的海军女兵，在阿拉斯加远程基地服役，是基地 11 个人中唯一的一名女兵。后来，特瑞娜被三位指挥官多次性虐和轮奸，完事后她被丢进了波涛滚滚的白令海峡里。

无论如何，我一定要为这些性侵受害者讨回一个公道，并想办法通过制度调整[4]扫除性侵这个毒瘤在部队中蔓延的土壤。我告诉我的团队，精心准备计划，一定要把这个议案攻下来。第一步，就是要让这些性侵幸存者们的真实遭遇，被公众听到。

第二个星期，真是天助我也，我被任命到参议院军事委员会的个人事务附属委员会担任主席。我非常清楚自己接下来的计划：为在部队中遭到性侵的受害人举行听证会，并让受害人先进行陈词。所有的美国人，特别是在座的政府官员，需要意识到事态的严重性，了解事情的残忍程度和深远影响——我们的部队每年有成千上万的服役军人遭到强奸，但是我们的政府官员却为此提供了制度的温床。

这项议题的深度和涉及面，都是超乎我想象的。当我最开始着手这项议案时，国防部在 2011 年的最新调查显示，每年在部队中有 19,000 名男男女女遭到"强奸、性侵或在违背自身意愿的情况下遭到性接触"。然而在这个庞大的数字背后，只有 10% 的性侵案件被举报。有 50% 的受害者表示，他们不敢举报的原因，是害怕事后被报复。就算有些胆大的受害者冒死举报，胜诉的概率也是非常渺茫，只有 10% 的案子被军事法庭定罪。在军队的司法系统中存在着根深蒂固的制度性偏见;指挥官可以——他们也经常这么干——干预案件,使案件免受调查和起诉。但如果指挥官本身就是同谋甚至主谋呢?如果指挥官和施暴者就是朋友呢?然后案子就被草草了结。而就算那最后 1% 的性侵受害者最终得以胜诉,也仅有 75% 的强奸犯真正受到了制裁。部队的指挥官享有推翻审判团判决的权利,他们会撇撇嘴说"我觉得这个案子判得不对",然后,军事法庭的判决就成了废纸一张。

2013 年 3 月,我主持了个人附属委员会的听证会。我用尽了浑身解数,让遭受性侵的幸存者们开口讲述他们的遭遇。我甚至特意调整了发言顺序,让这些遭受性侵的幸存者们先发言,因为我知道,如果军方的这些"厚脸皮"们先发言,他们讲完之后就拍屁股走了。其中有一个勇敢的女人丽贝卡·哈维拉,告诉参议员卡尔·莱文、林赛·格雷厄姆、芭芭拉·博克斯,以及在场的其他人员,当她遭到强奸后的第一年,她没敢告诉任何人——因为能胜诉的几率太渺茫了,而因此受到恶意报复的几率又特别大。直到她发现那个强奸犯竟然有脸把她被性侵的照片放到了网上,她才决定向 CID[5] 举报。正如她所愿,CID 开始进行了正式调查。然后,一名 CID 的男性调查员,向丽贝卡进行了整整 4 个小时调查取证,让她不断地确认那些被强暴的照片,然后事无巨细地讲述自己被强暴的细节。在调查取证之后,CID 接连四个月一直没有消息。然后另一名 CID 调查员又打电话过来让她重新确认细节,她按照要求去了。再然后,这个案子不了了之。

同样是在听证会中,布里盖特·麦考伊证实说,她在部队遭受第一次强奸的时候刚刚年满 18 岁，刚刚入伍不久。一年后，她再次遭到强奸。然后她鼓起勇气，请求指挥官对她调岗。没想到指挥官同样是一个性侵惯犯，就把麦考伊带到了一个锁着门、没有窗户的密闭空间，和他一起"工作"。麦考伊吓坏了，写下了非常严肃的抗议，但指挥官置之不理，并对她进行威胁。麦考伊有冤无处诉，只好选择退伍。当她回家后，麦考伊的精神严重抑郁，自杀未遂。

可想而知,听证会的军方代表们当然不是吃素的。陆军中将理查德·哈丁和少将沃恩·阿里出席听证会，极力否认事实，并说如果取消军队各级指挥官对此类案件上诉与否的决定权，将会影响指挥官保持"良好秩序和纪律"的能力。这个答案让我气不打一处来——如果一个国家的部队每年有 19,000 名士兵遭受性侵和强奸，那它早就失去了"良好秩序和纪律"了好吗？！我知道，面对盘根错节的国防部和军方势力，这个议案将会是一场艰苦的持久战。

我的团队开始研究提请议案，如何绕开部队程序的干预，让性侵案件直接能得以上诉。这才是那些性侵受害者们最需要的制度保障。反对派称这属于激进改革，但我并不这么看。稍稍放眼国际，很多盟友国都对此进行了改革：以色列在 1955 年就进行了法案调整；英国、加拿大、澳大利亚、荷兰、德国都在近十年内出台了改革措施，从而使部队的战斗力得到了更大提升。

没过几周，国防部的一份最新数据更是给这个议案火上浇油。最新数据显示，2012 年，美军部队的性侵案件上涨至 26,000 起，比 2011 年整整多了 7000 起。更糟糕的是，愿意上诉的受害者比例明显下滑。2013

年 5 月，我们就这个议题举行了新一轮听证会，军官们依然以"必须维护部队良好的秩序和纪律"为由，坚持保留指挥官对性侵案件上诉与否的决定权。我尽量压住心头的火气。一年内部队性侵案件从 19,000 起增加至 26,000 起，你们的"良好秩序和纪律"在哪里？！还是说，我们的美军高级军官真的不明白什么是"性侵"？

好歹，我多年的律师经验，让我没有被愤怒冲昏头脑，依然保持清醒和理智。

"那么，威尔士上将，"我听见自己在说，"您说我们不明白如果取消指挥官的决定权会意味着什么……那么您对美军部队在一年中发生的 26,000 起性侵案作何解释？"

在多年的律师经历中，我做过大量的陈词。在陈词中，我的工作就是深入探究问题。如果对方给出的答案模棱两可，或者闪烁其词，我就会接连就细节进行提问，直至挖掘出事情的真相。

"还是您觉得，在性侵的问题上，如果受害者对部队丧失一切指望和信心，也无所谓？"

"性侵受害者觉得就算上诉也是希望渺茫，您是否觉得，受害者们会因此认定，这是由于他们的长官缺乏基本法律素质，或者长官们压根不理解什么叫'强奸'或'性侵'造成的？"

"假设您是一个性侵受害者，当您受尽千辛万苦通过军事法庭获得胜诉,但是您的长官就嘴皮子动了几下，说了一句'我觉得这案子判得不对'，然后您就要被迫和强暴您的长官继续待在一起，您心里会是什么滋味？"

我在那天真的失去了耐心——心情暴怒。事后，我很担心自己过于强硬的态度会给人不理性的印象。我的团队安慰我说这无伤大雅——这基本上属于情绪的边界线了，但它很有效。我向上帝祈祷，但愿如此。

同年 6 月，参议院军事委员会再次对部队性侵议案召开会议，探讨如何相关的问责制，确保公平正义。这一次，军队的高级军官们故技重施，又开始拉大旗作虎皮，死死揪住"指挥官不能丧失决定权，必须维护部队良好秩序和纪律"这条不放。

那天，我在外表上显得非常冷静镇定——海军蓝套装、珍珠耳环，头发和妆容一丝不苟，听着高级军官们的那些态度傲慢的屁话。在论证环节，我的声音开始越来越高。"当你们一手遮天地干预案件的时候，你们失去的是军人们对长官的信任，"我说，"性侵受害者们不敢报案，他们担心自己的前程会因此毁于一旦，担心会遭到恶意报复，担心受到他人的指指点点，这才是我们最大的挑战。"我越说越急。后来，一位研究非语言交际的专家分析了我当天演讲的肢体语言和频次，说我通过肢体传递出的信号非常真实有力。"不是所有指挥官都是客观的，"我继续直击痛点，"不是每一位指挥官都关注部队中女性的权益。不是每一位指挥官都明白性侵意味着什么，不是每一位指挥官都能分清'在屁股上蹭几下'和'强奸'的真正区别，因为他们在性侵中也难辞其咎。"

人们通常认为，如果女性在工作场合流露出愤怒情绪，就基本上失去了理智和冷静。可是在那天以及之后的很多次场合，我都顾不上了。

军队高层们明显希望维持原状，他们更在乎的是自己权力不被夺取，而不是这个国家最重要的资产——时刻保护国家安全、在部队服役的男女军人。其中有一位性侵受害者说，她在部队第一次遭遇强奸的时候，看上去只有 16 岁，还是处女。当性侵发生之后，她讨厌给她父亲打电话，讨厌解释自己为什么不是处女了。然而，我们的指挥官们还在不痛不痒地坐在桌子旁边，为这个每年造成上万名男女遭到性侵的部队提供温床。这就是这些保卫我们国家安全的战士们所得到的待遇吗？这就是我们国家对保卫祖国的军人们提供的保障吗？如果一个女兵被强奸了，对不起，那是她自己的错——她一定是喝酒了，要不就是晚上一个人跑出去溜达了，对吗？

几个月之后，到了 2013 年夏天，军队性侵议案已经变成了举国关注的头条新闻。我开始一个一个地约见身边的参议员，寻求他们在立法方面的帮助。我的一些同事在此方面很有经验（比如说，参议员理查德·布卢门撒尔是前美国司法部长，从军队性侵议案的第一天开始就致力于此；参议员博克瑟、柯林斯、米可斯奇均为这个议案斗争过多年），一些则表示爱莫能助。当我和他们解释这项议题时，只能让他们站在一个父亲、兄弟、丈夫的角度，想想我们需要去保护这些遭到性侵的受害者。

很快，大部分的民主党人都表示支持制度改革。也有一半的共和党人表示支持。但对于其他的不支持者，我就要另想办法得到他们的支持。为此，我找到了国防部的相关负责人，费尽了口舌，摆事实、讲论据，说明事态的严重性和对我军造成的不利影响，用尽一切方式希望得到他的支持。

我不厌其烦地争取身边每位参议员的支持。参议员鲍勃·柯克，是一名来自田纳西州的保守派，在参议院连任多年，当我第一次和他在办公室会谈此事时，他说："我不希望你走错路，柯尔斯顿。但如果按照我们家的习惯，一定把你叫作'蜜獾'"。回到家后，我特意到 YouTube 上看了看什么是蜜獾——一种为了捕食最无所畏惧、会冲破一切阻挠的凶猛动物。好吧，我就当"蜜獾"这个外号是鲍勃对我的表扬了。

议案的进展异常艰难。每当我看到这些部队性侵的幸存者时，都觉得一定要尽自己最大的努力，推进制度改革，还他们一个公道。但是政界的逻辑远远没有这么简单，程序的障碍、政客们的人为影响……都让这场议案举步维艰。到了 2013 年秋天，我向参议员卡尔·列文说起此事。卡尔在参议院军事委员会担任了多年主席职务，在之前的"不问不说"废止令议案中，是我的关键盟军。但是这一次，当我和卡尔谈及"取消军队各级指挥官对军队性侵案上诉与否的决定权，消除举报犯罪过程中存在的障碍"时，我的心却沉了下去。在我看来，指挥官们不仅存在人为偏见，而且没有受过司法训练，当然不应该对案件是否可上诉具有决定权，这种不合理的特权在我们国家任何部门都不应该存在。但是卡尔跟我说："柯尔斯顿，我对这个议题有些不一样的看法。"我知道，我希望争取到卡尔支持的想法，算是没戏了。

然而事情还是多少有些进展。参议院秘书长哈格尔赞同"指挥官无权推翻司法决定"的说法。国防部自身也承认，这项权力是一战前陆军法的残余。不胜枚举的指挥官们被抓到行为败坏，而这些都直抵问题的根源——指挥官是否应该拥有绝对权力。

此外，各个渠道的支持也接踵而来。参议员苏珊·柯林斯，一直就致力于帮助受害者发出声音、维护权益，从军队性侵议案的一开始就非常赞同应该进行改革调整。参议员丽莎·穆尔科斯基，虽然她的支持提议略显感性和私人化，但是也坚定地站在了我们这一边。在丽莎刚参加工作不久的时候，她曾经推荐过一个年轻姑娘到军队院校工作，然后，这个年轻姑娘遭到了强暴，并且上诉无门。丽莎从那时起就下决心，一定要保障女性在部队中的人身安全。还有几个自由派的参议员也和我们站到了统一战线。有一天，在共和党派位高权重的参议员查克·格拉斯利，在参议院大厅走上前对我说："我通读了你的议案，柯尔斯顿，我觉得你做的这件事事关重大，算我一个！"参议员蓝德·保罗也表示支持。更加意想不到的是，参议员泰德·克鲁兹，一个前美国联邦最高法院律师，仔细研究了我的议案。然后，他在自己团队的核心会议，向那些摇摆不定的同事们介绍了我的议案，并对我表示了支持。《纽约每日新闻》非常诧异泰德的支持，特意在头条新闻中写道："黑暗势力有望冻结！"

很多时候，我都在想，如果我们的国会议员中能再多一些女性的面孔，这项军队性侵的议案就是明摆着的事儿（20名女参议员中的17人都赞成我们的改革），不会如此大费周章、举步维艰。在一场听证会中，部队现役女兵顾问委员会给了我很大的信心，我仔细地讲述了这些服役军人在部队是如何遭受性侵。然后被置之不理或上诉无门的真实经历，并认真地对改革措施进行了阐述。在之后关于"是否赞成改革"的投票中，有10人赞成，6人弃权，没有人反对。但这个结果并没有打动参议员莱文，秘书长哈格尔，更没有打动总统奥巴马。但我知道，我们终有一天会赢得他们的支持，终有一天，部队现役女兵顾问委员会的投票结果会派上用场。

2013 年感恩节前夕，我们的计划首次受挫。当时，我们终于争取到了参议院投票的机会，并在前期安排了一整天的辩论。参议员们分成支持与反对两派，一个挨一个地轮流发言。我的盟友们都讲得非常有力到位。眼看着，整个会场的风向标就在往我们这边转。然而正当我们觉得胜利在望时，麻烦来了——共和党决定阻碍议事进程（在这之前，民主党刚刚在参议院提议并通过了一项限制阻碍议事进程的议案，虽然和我们这个议案毫无瓜葛，但还是引发了共和党因此暗中较劲），决定把所有需要公投的议案，当然也包括我们的部队性侵议案，全部投 B（反对票）。我们的投票只能宣告取消。这对我们的盟友、那些性侵幸存者、还有我自身来说，都是晴天霹雳。我们只好重新修整，准备再次发起投票。

到了 2014 年 3 月份，投票终于姗姗来迟。按照程序，我们必须赢得六十票支持，才能确保议案通过。但当时只有55 名参议员公开表示了支持。剩下的人中，有六七个人属于徘徊状态，包括共和党领导人明齐·麦康奈尔，他曾经在 9·11 医保议案中对我们表示支持，我当时相信他这次也会站在我们这边。还有马克罗·卢比奥、奈特·柯克伦、汤姆·柯博恩这三个人，也曾经表示过对当前的军队性侵现状非常担忧，但他们并未明确表态。那天早晨，我还碰到了麦克·恩济和查克·格拉斯利，我又简明扼要地向麦克重新提起议案的要点，希望得到支持。而就在我们尽力争取的关键时刻,又一个意外发生了——另一位参议员(这项议案的一位联席保荐人)请求为这项议案召开紧急会议——绝不是一个好信号。在又经过长达半小时的要点分析之后,这位参议员说,如果是这样,他觉得这项议案欠妥,不会支持。我听了之后,心都碎了。

下楼走进参议院的大厅,议会辩论开始了。我方的坚定分子——参议员芭芭拉·博克斯、珍妮·沙溪恩、广野庆子、查克·格拉斯利、迪安·赫勒、蓝德·保罗,都做了非常有力的发言。参议员理查德·布鲁门塔和泰德·克鲁兹也都会为我方做陈词发言。如果我们还有剩余时间,我会在辩论结束的最后两分钟内,用性侵幸存者的语言讲述他们的遭遇,并阐明为什么目前制度存在缺陷,急需改革。辩论结束后,进入了投票阶段,我们失去了原来的两个支持者,但又新增了两票——最后还是55票,议案以5票之差未能通过。我的情绪处于崩溃边缘。

我看着在我左手边对这项议案坚定支持的参议员们,每一张面孔都像是至亲好友。我不敢去拥抱参议员海特坎普,我怕我会哭。但我还是忍不住拥抱了她、乔·唐纳利,还有艾米·克罗巴查尔。然后我向大家一一握手致谢。很多人说:"你真的做得不能再好了!"或者说:"期待下一次一定能成功,加油。"我非常感动大家的美好祝愿,但我还是感到好脆弱——身心俱疲,像是把自己耗干了。

散会之后,我给乔丹森发短信说了今天投票的结果,小亨利还在家发烧,我问乔丹森,孩子好点了没。乔丹森早就坐了早一班的火车,提前从纽约赶了回来,回我短信说:"亲爱的,你做得很好了。心疼你和那些受害者们。"他早已经准备了在家迎接我的全部委屈和脆弱,晚餐已经做好，静静地放在桌子上。

每当这种时候，我就忍不住自我怀疑——我真的适合做参议员吗？当我决定自己能驾驭的时候，我试图把焦点从工作转移到生活的小事中：给两个小家伙讲故事，哄他们晚上八点按时爬上床睡觉，在晚上八点半之后把时间交给自己，读一读书，然后熄灯睡觉。可是这场斗争还是从灵魂深处袭来。那么多受害者，那么多失败，那么多耗尽心血的付出，那么丑恶的人性的一面。我想通过给闺蜜伊莱恩煲个电话粥就把心里的委屈全倒出来了，或者去痛痛快快地打一场壁球，就能让一切雨过天晴？不，这次没那么容易。这种正义未能伸张的痛是毁灭性的——稍微看一些报道就知道，那些在部队遭受过性侵的幸存者，在事后自杀和患有PTSD的比率高得让人触目惊心。

但就这么功亏一篑？这场斗争只有坚持下去，没有第二条路可选。就此放弃才是最彻底的失败。每当我们的团队们开始丧失信心，我都会告诉他们：我们必须坚持下去，毫无疑问地坚持下去——因为我们在做一件正确的事情，那些在部队遭受残忍性虐和强暴的受害者们无力改变这个现实——但我们不能袖手旁观。国会中的一些同事觉得我们疯了，何必如此费力不讨好，为这些对自己毫无用处的人大费周章？但毫无疑问，我们一定会坚持下去。

在我心情最为低落的日子里，西奥和亨利的存在都无法让我开心一些的时候，我就开始寻找信仰的力量。作为一个天主教徒，我非常享受去教堂，也非常怀念自己在二三十岁的时候，参加《圣经》学习小组的日子。每周，我们都会读《圣经》的一些章节，然后写下一些自己的感悟和答案。在离我办公室不远的那所教堂,我们一起分享自己的解读和感想,给我当时在企业法务律所(一言以蔽之,这真不是一个上帝的工作)工作的日子,带来了一线正能量。我很感谢那些年的《圣经》学习,每当我觉得对自己的生活失去控制,或是纠结自己是否选错了生活的方向时,信仰都会让我重拾意义,给我关怀和指导。

也就是在那段时间,我想到了以斯帖[6]的故事:以斯帖是一位年轻姑娘,被波斯国王亚哈随鲁相中。当时,国王亚哈随鲁和第一任王后失和,于是他决定废后,立以斯帖成为新的王后。以斯帖其实是犹太人,但是国王亚哈随鲁并不知道。同时,国王身边的一个奸臣也瞒下欺上,暗暗制定了一个屠杀国内所有犹太人的秘密计划。

以斯帖的叔叔得知后,希望以斯帖能去面见国王,想办法阻止这个计划。这并不是一件易事——"王的一切臣仆和各省的人民,都知道一个定例:若不蒙召,闪入内院见王的,无论男女必定治死;除非王向他伸出金杖,不得存活。"但是,如果以斯帖不去阻止这个计划,国内所有的犹太人都将遭到屠杀。于是,以斯帖的叔叔劝她:"你莫想在王宫里强过一切犹太人,免得此祸。此时你若闭口不言,犹太人必从别处得解脱,蒙拯救,你和你父家必至灭亡。焉知你得了王后的位分,不是为现今的机会吗[7]?"

"不是为现今的机会吗?"——我一下子被这最后几个字戳中了。我相信在很多特定情况下,我们都肩负着这项道德使命去推进它。由于独特的环境,我们会有独特的机会,那我们就决不能白白辜负这种机会。以斯帖,作为王后,恰好有这样的独特机会,于是她运用自己的智慧,粉碎了奸臣的屠杀计划，让犹太人免遭屠杀。

而回到这项军队性侵议案，这也是我拥有的独特机会。这项议案需要调动我全部的能量：我多年的法律背景，我作为参议员的身份，我的同理心和不屈不挠的毅力。失败有时，挫折有时，但我们一定会继续向前走。不是有一句俗话"当上帝关上了一道门，就会为你打开一扇窗"吗？这就像"不是为了现今的机会吗"一样重要。当我们怀着积极的心态迎接了一项难以对付的挫败，我们也同时找到了一种新力量。我于是拿起电话，打给一位性侵案的幸存者，感谢她这些日子以来的配合与支持。在电话另一端传来的谦卑、感激和无畏的声音，让我再一次意识到，我之所以在这里的意义。

在这场斗争中，我要特别感谢加比带给我的精神鼓舞。我们大部分人都会痛心她在枪击之后遭到的病痛折磨和精神痛苦，痛心她所承受的黑暗岁月。身为朋友，在枪击事件发生一年之后，我由衷痛心她因此失去的一切——她的演讲能力、她的左半身挪动的能力、她继续为国会工作的能力。我想起了那个去看自己心中的偶像女议员，结果被枪击身亡的9岁女孩克里斯蒂娜·格林。而现在，我慢慢地关注加比的自我牺牲所换来的一切——美国关于枪支的零和观点，和这项斗争的进步力量。加比现在依旧非常自信。她没有辜负"不是为了现今的机会吗"，这就是她奋斗的意义，也赢得了丈夫马克对她的关爱和尊重。她不辱使命，没有辜负参议员这个特殊位置的作用，用众志成城的力量去推进枪支改革进程。像加比这样的人，他们才是在最恰当的时间做最恰当事情的人。他们知道，自己的努力，可以挽救生命。

当一项议题找到你时，你应该怎么办？首先，放下你的个人英雄主义心态。无论是你的街区附近需要增加减速带，还是学校午餐的营养水平有待加强——你都会找到盟友。也许这些盟友不会在刚开始就出现，但当你致力于这件事的过程中，会发现他们就在那里等着你。如果我们一直在旁观，永远不可能找到通往胜利的大陆，只有我们切身参与其中，才能在每一次转弯与交汇中，让道路变得清晰。第二，请记住，那些生命中最有价值的事情，永远不会来得太过容易。我们的力量、视野，往往都来于之前挫败的经历。

这场关于部队性侵议案的斗争，让我拼劲全力的同时，也得到了很多收获。它显示出了女性跻身于政治的重要性，给了我每日生活一个有力的目标。在这个过程中，我发现人间自有温情在。我的法律总顾问米歇尔每日都通过邮件分享《圣经》的经文给我，来减缓我内心的压力和纠结。每当我在一场大会之前流露出紧张情绪的时候，我的办公室主任杰斯都会念上一句"上帝保佑"来为我祈祷。我的同事芭芭拉·博克斯也给了我很大的精神鼓励，每当我由于受挫而情绪低落的时候，她就会说："柯尔斯顿，别放弃。你一定要加油，那些受害者需要你和我们共同的努力。"她会及时帮我调整情绪，把我从情绪低谷中拽出来。

当然，乔丹森是我一直以来坚强的后盾。当我每天听到那些性侵受害者们惨绝人寰的遭遇，在我心绪无法排解的时候，乔丹森都会给我最大的鼓励。还要值得一提的是，那些部队中的陌生朋友，给了我最大的感动和继续下去的动力。去年在白宫的国会成员圣诞派对上，一名穿着海军制服的年轻女性走到我和乔丹森的面前，说："参议员吉尔布兰德，我不方便告诉你我的名字，但是我想在此表达对你的欣赏和敬意，谢谢你为我们这些部队中性侵事件的受害者所做的一切。它意义非常。"这位年轻女性说话的时候，泪水在眼眶里打转。她走了之后，我和乔丹森的眼圈也红了。

"宝贝，你还是要坚持下去，"乔丹森对我说，"永远都不要放弃。"

第 12 章

投身其中，不再旁观

我希望她能够有自己的观点、知道这种观点的必要性，并且去勇敢地追求自我。

我很庆幸，在成长的道路上，一直有许许多多内心强大的女性给予我陪伴与关怀。

你很重要，你的参照系就是一种力量。当女性贡献出自己的力量，开始拥有平等的权利，我们才能创造一个更加美好和富足的世界。

保护你的女儿和小侄女那些最动人的孩童梦想。（如果你有个小男孩，告诉她女孩子们不仅仅是可爱，还很聪明、有自己的价值。）

当亨利上日托幼儿园的时候，我经常在放学之后走进他的教室，发现他和小伙伴们一起玩小火车的游戏——就是那种儿童玩具火车，然后设有配套的车站、大桥和玩具小人等等。有一天，我发现亨利照旧玩着火车游戏，当他挪动着火车爬上桌子的时候，有一个叫莎蒂的小姑娘和他一起玩。亨利在玩具轨道上挪动火车，报告说火车开往哪里，然后莎蒂就开始移动这些小人，告诉这些"女士、先生和小朋友们"，火车将开往哪里，"他们"的目的地是哪里。

我让亨利穿好外套，收拾书包准备走了。我们还要去接在练跆拳道的西奥一起回家，然后我还要给两个小家伙做晚饭，要不时间就太晚了。但是那天晚上，吃完饭洗完澡之后，我的脑子里开始回忆莎蒂和亨利在幼儿园玩的小火车游戏，看看他们在当中的角色扮演折射了什么小小的梦想。我知道当亨利再长大一点，他也许会励志当华盛顿的市长（这样他就能在我们房子附近修路了）或者一名火车工程师。这些小孩子们的愿望，有时候是有理可循的。乔丹森是一名工程师，乔丹森的爸爸也是一名工程师。所以，无论亨利长大后希望从政还是去做工程设计，都并非牵强附会。然后我开始想，莎蒂是否也会梦想当一名工程师？她在小火车的游戏中，想着那些"女士、先生和小朋友们"以及"他们"之间的关系，莎蒂会不会发挥她的这种创造力和想象能力，在未来的某一天能确定好火车将会带人们去什么地方、人们能做什么，以及人们想做什么？最重要的是，我不希望她一直把自己看成一个助手的角色，不希望她把自己的兴趣交给"旁观"的态度。我希望她能够有自己的观点，知道这种观点的必要性，并且去勇敢地追求自我。我希望她自己能发声——人们想去哪里？想和谁一起去？他们的旅行经历将是什么样的？——然后自己去给一个答案。

"因为我们是女人，"我一直在想这句话。它背后的含义太复杂，有那么多尚未施展的天赋，有那么多的尚未挖掘的可能性，女性与男性相比，从未真正释放出自己的观念、想法、声音和思考。

我很庆幸，在成长的道路上，一直有许许多多内心强大的女性给予我陪伴与关怀。我的童年时期，有外婆和我妈的言传身教；上大学时候，有壁球教练阿姬的重要一课；在我作为一个年轻律师，希望寻找生命中新的可能性时，我又遇上了希拉里。在亨利的幼儿班中，还有一个叫伊丽娜的小姑娘，她的爸爸在家带着她一起做科学实验。然后你猜，伊丽娜长大之后想做什么？一名科学家。甚至在五岁的时候，伊丽娜还想着能搞发明，用自己的发明成果影响世界。

伊丽娜和还有很多怀着大梦想的小姑娘们，让我看到了我们未来的希望。我们应该相信，每个人无论在哪个年龄段，都应该拥抱自身的想象力，也鼓励和慰藉他人的梦想；我们应该相信，志存高远，今天延展我们共同的愿景，明日我们终将触摸到它们的可能性；我们应该相信，我们都是最好的自己。因为我们知道，做了这么多的努力，只为创建一个更加美好而公平的世界；因为我们知道，前路漫漫，何其艰难——我们需要保障像伊丽娜这样的小姑娘的科学梦想并不是幻想，因为我们最发达的工业产业中，STEM[1] 领域的占比高达 8/9。我们需要保障在我们的社会中，孩子的梦想不会因为我们的现行制度而无情夭折。

你很重要，你的参照系就是一种力量。当女性贡献出自己的力量，开始拥有平等的权利，我们才能创造一个更加美好和富足的世界。贝丝·穆尼就是一个非常好的例子。她刚开始在钥匙银行[2]做秘书的时候，年薪仅仅 1 万美元，而现在，贝丝已经成为这家银行的行长——全美 20 位顶尖银行领袖中，唯一入选的一位女性。而贝丝的女性角色，也让她的管理别具特色，六年前，贝丝创建了一个名叫"女性的钥匙"[3]的组织，专门用来支持女性创业者。与男性相比，女性创业者获得资金资本的难度更大，这其中很大部分是因为银行和风险投资公司基本上都掌握在男人手里。但是自从 2008 年起，贝丝已经向女性创业者累计提供了 500 亿美元的贷款。男性会这样做吗？我不知道。类似的例子还有丹妮诗·内皮尔，她成为了美国第一位担任州财务主管的非裔美国人，同时也是康涅狄格州第一位女性财务主管，为女性和少数民族的投资提供了很大帮助。

你不需要等到变成银行行长的时候，才能做出改变。在企业中，很多平凡而积极的女性都在影响着这个世界。1989 年，一名叫米西·帕克斯的女人，曾经是耶鲁大学网球队、篮球队和长曲棍球队的选手，就把这种对体育运动的爱，投身到了女性运动服装的事业中，创立品牌"Title IX"。第一年，她的业绩惨淡，在发出的 3 万份产品目录后，一年却只收到了 13 位客户的订单。但她没有放弃，经过不断的努力，从第二年开始 Title IX 品牌一直保持 15% 的年增长率，拥有了丰富的女性运动服装产品线（包括 100 种不同的运动文胸）。同时，她也开始了自己的非盈利事业"起跑架"，为很多草根民间组织提供资金赞助，帮助更多的女性"勇敢踏上自己的路，不再旁观"。

为女性提供支持，并非仅仅对女性有益，这是一件有利于整个社会的事情。纵观经济，有更多女性员工的企业比缺少女性员工的企业更容易有效管理。

而现在，女性，特别是有孩子的女性，在工作时依然会遭遇很大瓶颈。确实，女性已经非常努力地争取经济独立，而且女性获得大学学士、硕士学位的比率已经超过男性，但是社会对她们的支持依然欠妥——婴幼儿日托费用居高不下，学前班不能得到保障，家庭带薪病假还是空谈理想，最低工资标准低到忧伤……男女同工同酬制度在很多地区依然是一纸空文。就连在硅谷，高薪技术企业提供了免费用餐、免费干洗、免费健身中心、免费交通等等福利措施，但唯独不见"免费婴幼儿日托"。如今，脸书（Facebook）拿出 1.2 亿美元重金打造员工社区，但是讽刺的是——里边甚至有宠物狗的日托中心，但就是没有一座婴幼儿日托所。事无孤例，苹果公司也出了大手笔盖了新园区——拥有 1 万个停车位，但是你猜猜？没错，这么大的地方，但还是没有能容下一间婴幼儿日托所。谷歌似乎好些，在谷歌总部有非常不错的婴幼儿日托中心，但是呢？对不起，您得排队——申请名单上的名字至少有 100 位，如果您想把孩子弄进去，请交钱。显而易见，这些企业的领导层，基本上是男性的天下。最近，哈佛商学院的一项调查数据显示，在企业领导层，无论是男性还是女性领导者，都把"工作与家庭的冲突"视为女性的责任，而不是父母双方共同的责任。

我们不能站在一边，等着别人帮忙去解决这些问题。我们必须自己去为自己解决问题。我经常回想到杰罗丁·费拉罗在1984年获得民主党副总统候选人提名时，发表的演说："现在已不是国家能为女人做些什么，而是女人能为国家做些什么。"当时，我还是一名高中生，并不知道这句话的真正内涵。然而现在，随着阅历的增加，我渐渐明白，女性有着同样的天赋、智慧和专业知识——我们需要为国家奉献出这些力量。

我们需要从开辟更广阔的公共对话开始，并非去争论女性是否该拥有一切还是不该拥有一切，而是去探讨如何打破"粘胶地板"困境的具体计划。我们需要有更新更好、切实可行的政策来为女性提供支持。我们需要努力打破这项循环怪圈——一个女人从小努力学习、努力工作、从基层打拼到高层，但是一旦结婚生子，就再也不会得到良好的工作机会。我们需要努力打破这项循环怪圈——女性努力工作照顾家庭，成为美国梦的垫脚石，然后在她们的孩子生病的时候，我们的社会又把她们无情地丢到一边，她们将失去工作和经济保障——因为我们国家没有带薪的家庭成员病假制度。在最低工资标准的工作者中，女工比例占到62%，而扣除通货膨胀带来的物价上涨因素，她们的实际经济能力跌到了美国的历史新低。在孩子小于五岁的美国家庭中，仅儿童托管一项的费用，就占据了整个家庭总支出的 10%。男女同工同酬依然没有彻底实现，女性工作者的收入只有男性工作中的 77%，如果是拉丁裔女性或非裔女性，拿到的收入就更少。在一个对女性工作者如此"缺斤短两"的收入制度下，我们有何颜面去高喊"女性进步"？

我们需要运用女性的力量，去共同建设、塑造这个国家。我们需要把选票投给那些真正会关怀女性声音的候选官员，让他们真正肩负起责任代表女性的权利。在 2010 年，就在我们这个国度——我们拥有一位民主党党籍、主张人工流产合法化的总统、一位民主党党籍、主张人工流产合法化的女性众议长——但是却允许"斯图派克法案"[4]得到了通过。这项法案否定女性可以用自己的钱去做有关生殖方面的医疗保健服务的权利。然而当这项议案在我们的众议院得到通过后，结果如何？没有结果。什么都没发生。我们没有站起来、联合自己的力量去为此斗争。我们的国会背叛了这个国家 50% 的人口，但是没有人为此买单。

有很多优秀的女性，都做出了非常杰出的事情，而你也可以变成其中一员。黛比·斯特林，在斯坦福大学机械工程与产品设计专业毕业后，创立了戈尔迪宝乐事玩具公司[5]，推出的"超级碗"系列玩具，打败了 15,000 家同行业的竞争者，开创了"baby 要的不仅仅是芭比娃娃"的时代。还有伊迪·温莎女士，她在 84 岁高龄的时候，向美国政府提出"和一个女人结婚"的请求，用一系列的努力打破了传统《婚姻保护法》。伊迪用她的经历、故事和语言，让美国政府在同性恋婚姻合法化的问题上迈出了转变的一步。接着，一个州接着一个州，我们的国家终于开始维护人们真正自由相爱、自由结合的权利。而在这些胜利果实的背后，我们不应忘记伊迪这样的女性。

而这样的斗争并未结束。就在最近，在一场高校性侵案的新闻发布会之前，我走进办公室，接见了此次性侵案的两位当事人——两位出自常春藤名校的女大学生，由于遭到强暴，生活从常春藤的象牙塔，堕入了人间地狱。她们在受到性侵和暴力后向学校举报，但又由于学校的糟糕的审查制度，再次受到了对方的暴力报复。在新闻发布会上，我看到其中一个女生的眼神略带生涩，还不知如何面对无数的摄像机和镜头，重复着她经历的那次不堪回首的性侵事件。然而，她的每字每句都铿锵有力，拥有了一颗比她在常春藤的同学们都更强大的内心。就在她面对着发布会的镜头和权威部门，字字句句地讲述中，她改变着这个世界。

我们的力量其实超乎自己的想象。就像是这个女生从没想过自己会遭到强暴，而更没有想到学校的制度会给她带来一轮更大的伤害。但是她没有唯唯诺诺地低头，发布会上，她勇敢地向公众发出女性的声音，用她的经历为鉴，帮助这个世界变得更加美好。

我们需要做的是，大胆地发出女性的声音，集中力量，互相支持。如果我们能做到，那么在权利会议和决策桌前，女性的身影将不再缺席；在好莱坞的电影中，女性的形象将不仅仅是以色侍人的花瓶，更多有勇有谋的女性领导角色将进入全球公众的视野；在商业中，将会有更多的产品和服务更贴近女性的需求；在社区，我们散步时将会有更加安全的街道，推开窗子会闻到更加干净的空气，走出家门会感到一个更加稳定的社会；在家里，我们的家暴事件和虐童事件的比例会因此下降；在政府，我们将切实代表所有美国公民，而不仅仅是男性公民的所思所想。

然而，这一切改变该如何实现？第一步就是先学会给予。首先，从我们每个人开始，从每个家庭开始，教会我们的小孩子学会感恩之心，去尽一己的绵薄之力帮助别人。每年，我都会和西奥、亨利两个小家伙一起，把他们的衣服、玩具和书挑拣一遍，看看有哪些可以捐献给更需要帮助的小朋友。而在他俩的小学校，同样会组织类似的感恩活动。每逢圣诞节，我就和西奥、亨利一起，把富余的帽子、手套挂在社区的圣诞树上，那些需要的小朋友就可以随意领取。有一年，西奥和亨利还组织过一次送书活动，帮助社区中那些需要帮助的人。每逢周三，社区的小孩子们还都会拿出自家的小零食，和那些家境拮据的小伙伴们一起分享。

那么，如何做到"不再旁观"呢？下边有几点小启发。首先，我们可以从自身做起：你可以每天早晨提前半小时起床，去外边慢跑或散个步，这样你就能有一个更加健康、强健、身心快乐的方式去面对新的一天。和你周围的朋友一起去练习同情心，在社区，生活中，你可以去附近的教堂做志愿者，帮助那些需要救助的家庭；可以去当地的图书馆做义工；可以在社区花园里帮忙种树，教邻家的小孩子什么是持续力。在工作中，你可以为你工作领域那些年轻有为的女性提供赞助，把你那些穿不了的衣服捐给"穿出成功"协会[6]，为那些在事业上需要帮助的女性提供服装和其他的发展援助。在家里，你可以和女儿挤在一起，到 Code.org 网站玩僵尸游戏，或者送她一个迷你显微镜作为生日礼物。总之，保护你的女儿和小侄女那些最动人的孩童梦想。（如果你有个小男孩，告诉她女孩子们不仅仅是可爱，还很聪明、有自己的价值。）

最后，在政治方面如何"不再旁观"呢？你可以登录政府官员的博客、推特页面，或者给他们私信留言。你可以充分发挥选民的权利，选举出最合格的议员。你可以发起筹款组织，为你心仪的候选人集资，哪怕是一张 10 美元的小额支票，都会让结果变得不同。或许，你们中的一些人还会去自己参加竞选。我可以向你保证，作为国会议员，代表选民权益的这项工作，远没有你想的那么可怕，反而非常充实、有意义。如果你打算在华盛顿发展，我保证会尽力帮助你"参与其中，不再旁观"。对了，也许我正好有你身材型号的衣服，我们的国会女子垒球队会因为你的到来，而又增加了一名开局投手。

致谢

　　谨以此书，感谢所有为此书提供帮助的人。特别要感谢我的编辑珍妮·董；我的搭档伊丽莎白·韦伊，我的律师鲍勃·巴内特，还有蓝登书屋的全体人员。尤其要感谢前国务卿希拉里·克林顿女士，在百忙之中耐心为我写序。希拉里女士不仅是我引以为榜样的标杆，更是我的朋友和精神导师。

　　此外，感谢我的团队对我的无尽耐心，感谢他们对公共事业数十年如一日的辛劳付出。

　　感谢我亲爱的朋友和家人，我的完美丈夫乔丹森，我的两个小宝贝西奥和亨利，是你们带给了我快乐，让我知道了生活的真谛。

　　最后，我感谢所有敢于发出声音、敢于让世界听到自己观点的女性，你们的精神给了我巨大的鼓舞。谨以此书，为你们而歌。

推荐序　投身其中

1. zero-sum ，是博弈论的一个概念，指参与博弈的各方，在严格竞争下，一方的收益必然意味着另一方的损失，博弈各方的收益和损失相加总和永远为"零"，双方不存在合作的可能。

2. scorched earth，原指军队撤退时销毁一切敌军可利用之物，后引申为企业、政治等两方斗争时两败俱伤的做法。

引言　你的声音很重要

1. Theodore Roosevelt Island，一个位于华盛顿哥伦比亚特区、波多马克河上的国立纪念公园。

2. 折合约 5.18 米。

3. Parent-Teacher Association，简称 PTA。

4. Rosie the Riveter，原指女铆钉工人露丝，后用"铆钉露斯"引申为第二次世界大战时美国女工的统称，成为美国文化的一个象征。

5. Watervliet Arsenal，原址位于纽约，专门装备大型武器。

6. Dartmouth college，美国历史最悠久的学院之一，成立于 1769 年，也是闻名遐迩的常春藤学院之一。

7. Albany，美国纽约州首府。

8. Al Gore，阿尔·戈尔，1948 年 3 月 31 日生于华盛顿，1993 年 1 月任克林顿政府的副总统，1997 年 1 月连任。

9. Queensboro Bridge,位于纽约,竣工于 1909 年,是跨越纽约东河的一座重要的悬臂桥。

10. 可以意译为"她对我一无所知"，但是原句的表达很美式幽默，故保留直译。

11. Gloria Steinem，美国第二浪潮女权主义运动的两位主要领导人之一。

12. glass ceiling, 玻璃天花板，引申为（尤指妇女、少数族裔成员事业上的）无形的晋升障碍。

13. sticky floor,胶粘地板,引申为提升无望的低薪阶层。

第1章 我是外婆波莉的外孙女

1. St.:Elizabeth's Hospital,位于美国马萨诸塞州的首府波士顿。

2. 原文计量单位为五英尺二英寸,折合为157.47厘米。

3. 1966年是丙午年,丙的五行属火,午为马,所以1966年出生是火马之命。六十甲子每逢60年一循环,所有说是"六十年一遇"。

4. the Brady Bunch,是基于七十年代风靡一时的美国家庭处境喜剧。

5. cul de sac,源于法语,独头巷道,类似中国的"死胡同"。

6. Academy of Holy Names,位于新英格兰乡村,距离波士顿大约两个小时的车程,课程包括大学预科和一些先修课程,接受基督真理,毕业于此的年轻女性考入各学院和大学,成为很多领域具有影响力的人物。

7. Saint Gregory's College Preparatory School,美国一所知名的大学预备学校。

8. Point Pleasant Beach,位于美国西海岸的新泽西州,是当地的旅游胜地。

9. 原著作者有调侃的意思,用了"damned(该死的;他妈的)",这里译成"继承了她妈的",而没有译作较符合中国人礼貌习惯的"继承了我太婆的",主要是一语双关,既指代关系,又暗指调侃的味道。

10. 原著计量单位为五英尺,折合152.4厘米。

11. 原著用词Fuck me,脏话的委婉翻译。

12. Party Boss:党魁通常特指操纵政党机器的首脑人物。党魁与政党领袖不同。政党领袖在党内有正式职务,职责和职权有正式规定,其活动公开并受到监督;而党魁在党内并无正式职务,权限也无明确规定,对其言行无法进行监督。党魁的形成和发挥作用主要依靠政党机器。美国是存在党魁最典型的国家。

13. Long Island,美国纽约州东南部岛屿。

14. Buffalo,纽约州西部伊利湖东岸的港口城市,俗称"水牛城"。

15. Women's Democratic Club.

16. Mario Cuomo,1932年出生,美国政治家,美国民主党人,在1983年至1995年间担任纽约州州长。

17. yin-and-yang dynamic.

18. John F. Kennedy，美国第三十五任总统。

19. 美国纽约州东部河流，长约 500 公里，是沟通五大湖与大西洋间的重要水道。

20. Democratic National Convention（DNC）始于 1832 年，每四年举行一次，讨论总统候选人提名等系列问题。

21. The Boston Globe，创刊 1872 年，是美国波士顿发行量最大的报纸。

22. Saratoga，美国纽约州东部的一个村落。

23. AMC，全名为 American Motors Corporation，翻译过来就是美国汽车公司。AMC Pacer 是美国汽车公司在 1975-1980 年间推出的一款汽车，经常被全球车迷们调侃为"欧美十大丑车之一"。

24. Albany High School，奥尔巴尼地区最大的公立中学。

25. Emma Willard School，创立于 1814 年，坐落于美国纽约州，是一所具有悠久传统的高质量的女子中学，也是美国最古老的中学之一。

26. AP（Advanced Placement）是大学预修课，美国高中课程的一种，简而言之，AP 课让高中学生提前学习大学课程，通过由美国大学理事会（CollegeBoard）主办的全国性的统一 AP 考试，来换取大学学分。

27. 美国纽约州一城市，位于哈德逊河东岸。

28. 15 英里约等于 24.14 公里。

29. 阿尔弗雷德·希区柯克（Alfred Hitchcock），1899 – 1980，原籍英国，是一位闻名世界的电影导演，尤其擅长拍摄惊悚悬疑片。

30. Grace Kelly，1929-1982，美国影视演员，曾凭借《乡下姑娘》的表演获得奥斯卡最佳女主角奖，后嫁入王室，成为摩纳哥王妃。

31. All About Eve，是由贝蒂·戴维丝与安妮·巴克斯特 1950 年主演的一部美国剧情片，荣获 1951 年第 23 届奥斯卡金像奖。

32. Bette Davis，1908 – 1989，美国电影、电视和戏剧女演员，两度荣获奥斯卡最佳女主角奖。

33. Adam's Rib，1949 年上映的美国喜剧电影，由斯宾塞·屈塞与凯瑟琳·赫本搭档。

34. Katherine Hepburn，1907-2003，美国影视演员，四获奥斯卡最佳女主角奖，代表作品《费城故事》。

35. 美国各州通常的法定饮酒年龄是 21 岁。

36. Arnold Schwarzenegger，美国好莱坞男演员、健美运动员、前美国加州州长。

37. 西方修辞学对英语演讲和辩论意义重大，西方古典修辞学的鼻祖亚里士多德，把修辞学定义为"发现可以用来就任何论题进行说服之手段的艺术"。

38. Plants vs. Zombies，一款风靡全球的电子游戏。

第 2 章　两点之间，曲线最短

1. State of Connecticut，又译作康乃狄克州，美国东北部新英格兰地区 6 个州之一。

2. Payne Whitney Gymnasium，建于 1932 年，属于耶鲁大学，是世界第二大体育馆。

3. Serena Williams，美国职业网球女运动员，世界网坛名将。

4. "不问不说"政策，Don't Ask, Don't Tell，是美军 1994 年至 2010 年间对待军队内同性恋者的政策，由时任美国总统的比尔·克林顿提出。该政策禁止军事人员歧视或骚扰军队内部非公开的同性恋或双性恋者，而将公开的同性恋和双性恋者排除在外。后于 2010 年被奥巴马政府废除。

5. 加州大学洛杉矶分校，UCLA，University of California at Los Angeles.

6. 创立于 1849 年，是一家总部在纽约的全球性律师事务所，根据《美国律师》的排名，达维曾连续三年在甲级美国律师事务所中名列榜首。

7. Mentors advise; sponsors act. Mentors give; sponsors invest

8. Brooks Brothers，美国知名男装品牌，是不少名人世代和政界领袖之选，如前美国总统肯尼迪、福特、布什及克林顿都是该品牌长期捧场客，有总统的"御衣"之美誉。

9. Take no prisoners，原意指"不留俘房，赶尽杀绝"，在此处，包括下句话卡片中的引用，可引申指（为达到目的）不择手段。

10. Barnes & Noble：是美国最大的实体书店，在全美拥有将近 800 店面。

11. evangelical church，属于基督教会，强调宣传耶稣基督福音，以《圣经》为唯一信仰基础。

12. Andrew Cuomo，现任美国纽约州州长，根据上下文时间，库默当时正在前总统比尔·克林顿政府内阁中任职，于 1997 年担任过美国住房与城市发展部部长。

13. Housing and Urban Development，住房和城市发展部。

第 3 章 如果支持者还没有母奶牛多呢?

1. 婚礼"大拿"：北方方言，指婚礼的所有事情的安排执行者。由于作者原文用了 conduct，不仅仅是主持婚礼之意，还包括安排指挥等。结合原文此段用了生活气息的非正式语境，所以将 conduct 译成了中国婚礼文化中对应的"大拿"角色。

2. Saint Ignatius Loyola Church，圣依纳爵罗耀拉教堂。

3. Lanai，美国夏威夷中部岛屿。

4. David Boies，当代美国最著名的律师之一，博伊斯、席勒和弗莱克斯纳律师事务所的创建人。他在美国联邦政府诉微软、布什诉戈尔等许多著名案子里起到核心的作用，被美国政府、各大公司和许多名人所追捧。

5. 即 2000 年美国大选时的布什诉戈尔案。布什与戈尔同为当年美国总统大选的候选人，二人由于佛罗里达州的选票记数问题发生纠纷产生的案件。后布什获胜，戈尔因此痛失总统宝座。

6. 即 California Proposition 8（2008），2008 年在加州通过的一项反同性婚姻权的提案，简称"8 号提案"，该提案将婚姻权界定为仅限于一男一女的婚姻，使加州同性恋群体丧失了本已获得的合法婚姻权。此案后于 2013 年被推翻。有演绎此段历史题材的电影《8 号提案》。

7. 本章提到的选区，是特指众议院的选区。作者在本章中提到的竞选，也特指竞选众议员。美国参议院每州 2 名，每人任期 6 年；众议员任期 2 年，每州人数根据各州人口比例分配。一个州被划成若干选区，一个选区选出一名众议员。美国宪法这样的设计，迫使众议员关心选区事务。

8. Eleanor Roosevelt，第 32 任美国总统富兰克林·德拉诺·罗斯福妻子，即为前美国第一夫人之一。

9. John Kerry，美国民主党政治人物，现为第 68 任美国国务卿。

10. Silda Spitzer，毕业于哈佛大学法学院，丈夫是前纽约州州长艾略特·斯皮策。

11. Fleet Center，位于波士顿的一个大型体育馆。

12. Kick-Ass，原意指强硬好斗，这里作者明显带有调侃意味，故译作"屌爆侠"。

13. EMILY's List，美国女性民间政治组织，旨在帮助有潜力的女性民主党候选人进行政治竞选，会员超过 3 百万，是美国最大的民间政治组织之一。

14. Red-to-Blue Campaign，此说法起源于 2000 年美国总统选举，一般说来，在西部沿海、东北部沿海和五大湖畔州份都会区的选民投票倾向支持民主党，故有蓝州之说；而南部和中部则较倾向于投给共和党，故有红州之说。此后美国国内媒体开始用红色代表共和党，蓝色代表民主党，形成了惯例。美国两党政治之争就被称为红蓝之争。

15. Ernst and Young，国际最著名的四大会计师事务所之一，另三个分别是普华永道、德勤和毕马威。

16. 曼哈顿在全美人均收入最高，在很多美国人的调侃中，曼哈顿人基本等于"土豪"。

17. The Post Star，创建于 1904 年。

18. 作者叙事时间是在 2006 年，当时时任美国总统是共和党籍的小布什，民主党籍的比尔·克林顿已卸任，但由于作者是民主党，所以在叙述口吻中一直称克林顿为总统（先生），而非严格意义的前总统。为保留原著的作者态度和语气，保留了"克林顿总统"的译法。

19. 众议院中拥有最多数席位的政党称之为多数党；次多者为少数党。议长、委员会主席与其他院内职位通常由多数党议员担任。

第 4 章 我见过的最佳说客，竟是一名 12 岁萝莉

1. 议长为众议院议事主席，同时为众议院领袖及其所属政党（一定是多数党）的领袖。美国宪法规定众议院自行推选议长，众议院议长的总统继位顺序仅次于副总统。

2. 即多数党领袖。由于众议院议长为掌控众议院实权的政党领袖，该职位一般为政党利益所用。院内政党各自选出多数党与少数党领袖。少数党领袖为其所属政党彻头彻尾的领袖，而多数党领袖则不然。事实上，议长为多数党领导者，而多数党领袖则为次高的领导，在众议院的地位仅次于议长。故文中，二人都希望成为南希的"第二代言人"，即"二人都希望能被推选为众议院多数党领袖"的委婉说法。

3. Chief of Staff，下文简称 COS。在美国政治中，COS 扮演重要角色，相当于总统、议员等人物的心腹和参谋长，有些美剧和政治小说中译作"幕僚长"。结合作者当

时只是众议员的身份，"办公室主任"的译法更为准确。

4. child support，美国福利政策的一项，这项福利主要针对的是孕妇、婴儿、3-5 岁的儿童（也是低收入家庭）的营养，健康和学前教育等，也包括部分补偿父母请人看护孩子的费用。

5. Food and Drug Administration，美国食品及药物管理局。

6. Maya Angelou，生于 1928 年，美国诗人、作家、教师、舞蹈家和导演。

7. I Know Why the Caged Bird Sings，是玛雅最重要的作品，回忆了 20 世纪 30 年代至 40 年代在南方小镇斯坦普斯及加利福尼亚州的成长经历。

8. type-1 diabetes，旧称青少年糖尿病或胰岛素依赖型糖尿病，患者必须注射胰岛素治疗，目前世界上对此病没有治愈方法。

9. drop-side crib，一种护栏可升降的婴儿床。这种设计可能导致护栏的滑轨部分同婴儿床分离，形成一个 "V" 字型缺口，导致婴儿有可能被夹在中间窒息或夹死。目前这种婴儿床已在美国全面禁售。

10. post-traumatic stress disorder，创伤后精神紧张性精神障碍。

11. Jon Stewart，乔恩·图尔斯特，美国电视主持人，喜爱他的中国观众喜欢把他的姓名翻译成囧司徒，他主持的新闻讽刺节目 "囧司徒每日秀" 连续获得了十一次艾美奖。

12. Barbara Walters，美国知名记者、作者、媒体从业人，曾主持多档新闻电视节目。

13. 居住在巴基斯坦斯瓦特地区的一名普通学生，2012 年遭塔利班暗杀，2014 年诺贝尔和平奖得主。

14. 出自马拉拉联合国演讲。

第 5 章　混进美国国会的年轻辣妈

1. 此句的单词拼写带有小孩子的语气，如 late 拼写为 laaate，故此处把"妈妈"拼写为"麻麻"。

2. John Quincy Adams，美国第六届总统，1848 年，他在众议院门口中风倒地，后被送往发言室，最终辞世。

3. 作者有意将 "starving" 错拼为 "staaaarving"，这里的译法保留了作者诙谐幽默的语气。

第6章 "有野心"并不是一句脏话

1. 民主党总统奥巴马竞选伙伴，美国副总统。

2. Betty Friedan，1921-2006，美国作家、编辑。

3. The Feminine Mystique，贝蒂·弗里丹写于1963年的作品，是一本女权运动里程碑式的著作。

4. Georgetown University，位于美国首都华盛顿特区。

5. Oprah Winfrey，美国著名女脱口秀主持人。

6. Condoleezza Rice，美国前国务卿。

7. 原书名 Necessary Dreams: Ambition in Women's Changing Lives。

8. Annie Oakley，美国一名女性神枪手，生活在十九世纪末二十世纪初的美国，在柏林演出时，安妮表演用枪成功射灭德国皇太子威廉嘴里叼的香烟，从此名声大震。这里意在讽刺作者支持枪支合法化。

9. 美国宪法第二修正案为美国权利法案的一部分，于1791年12月15日被批准。本修正案保障人民有备有及佩带武器之权利。

10. Tracy Flick，在电影《选举》中，瑞茜·威瑟斯彭饰演的一个好斗、搞笑、略显神经错乱的白肤金发碧眼的高中生。

11. Sonya Sotomayor，美国时任最高法院法官。

12. Sandy Hook tragedy，是一宗2012年12月14日在美国康涅狄格州费尔菲尔德县纽敦镇桑迪·胡克小学发生的枪击案，当中28人（包括20名儿童）死亡，是美国历史上死亡人数第二多的校园枪击案。

第7章 现在，我是你们的

1. The Secret，作者为澳大利亚作家朗达·拜恩。全书主要阐述了一个成功的法则：吸引力法则。

2. 3M1stQ：3 Million for the 1st quarter 的字母缩写，译为"首季度300万"。

3. 因为是作者的儿子西奥所做，为了保留儿童语言的童趣，把"No Cat"（严禁有猫）译成了"严禁喵星人"。

4. 此为位于纽约的黑人住宅区。

5. "玻璃"是男同性恋的委婉说法，由"Boy's Love"的简称 BL 音译而来。

6. 指同性恋者向周围人公开其同性恋身份，称为"走出衣柜"Come out of the closet，简称"出柜"。

7. the State of the Union，按照美国惯例，每年年初，现任总统都要在国会做年度报告，阐述政府的施政方针，被称为"国情咨文"。

8. 又称结节病，是一种引起全身形成炎细胞小岛的疾病，肉芽肿会引起大面积发炎和结疤，几乎会影响到身体任何器官，但最常受累的器官是肺。

第 8 章 "想当参议员，必须变漂亮"，以及其他的一些建议

1. 全球著名的时尚杂志，中文版译为《时尚与美容》。

2. Fuck you. Fuck you You are a fucking asshoele 的委婉译法。

3. NAACP：National Association for the Advancement of Colored People

4. Anne Kornblut，生于 1973 年，美国记者、作家，曾获普利策奖。

5. Sarah Palin，阿拉斯加州州长。

6. 曾为电影演员，后成为第 40 任美国总统。

7. Jennifer Granholm，美国第 47 任密歇根州州长。

8. 美国著名女装品牌，在全球40多个国家有售，从20世纪80年代起转而设计女式西服。

9. Donna Karen，生于 1948 年，与 Ralph Lauren（拉尔夫·劳伦）和 Calvin Klein（卡尔文·克莱恩）一起并称为美国的三大设计师。

10. Nanette Lapore，美国服装设计师，她以自己名字命名的服装品牌，中文译为"公主娜娜"。

第 9 章 友善待人

1. Staten Island，位于纽约。

2. 美国一家大众化廉价超级市场。

3. Mother Teresa of Calcutta，1910－1997，又称作德兰修女、特里莎修女、泰瑞莎修女，是世界著名的天主教慈善工作者。

4. Coney Island，位于纽约的小岛。

5. FEMA，Federal Emergency Management Agency

6. 本段直译的意思，是"面对在国会的新工作，黛安交给我的并不是一根绳索，而是一条带桨的小船！"类似中文讲的"授之以鱼，不如授之以渔"的意思，结合上文说的可口可乐"秘籍"，于是把"绳索"和"带桨的小船"意译为"救急的兵器"和"武林秘籍"的关系。

第 10 章　女汉子也有几个姐妹淘

1. Newark，美国新泽西州港市。

2. Burberry，一个极具英国传统风格的奢侈品牌。

3. Blue Room，白宫的第二大厅，相当于国宴厅和贵宾休息室。

4. 中国凉席。

5. Friday Night Lights，2004 年上映的美国电影。

第 11 章　不是为现今的机会吗？

1. 美国军队规定女性在服役期怀孕不在军队医保范围内。

2. The Invisible War，由科比·迪克（Kirby Dick）导演，艾米·泽林（Amy Ziering）担任制片人。

3. USS Frank Cable，是美国西太平洋关岛的一艘潜艇勤务舰。

4. 根据柯尔斯顿提请参议院审议的《军队司法改革法案》，提议对严重的犯罪行为（包括但不限于性侵犯）的起诉不再受军队体系的束缚，而是由独立的军队起诉官负责，且由他决定是否交由法庭审判。

5. Army Criminal Investigation Division 陆军刑事调查司令部，简称 CID。

6. 《以斯帖记》出自《圣经》的旧约全书，以斯帖是一名犹太女王。

7. 出自《以斯帖记》4:14。

第 12 章　投身其中，不再旁观

1. STEM：即 Science（自然科学），Technology（技术），Engineering（工程），and Mathematics（数学）。

2. Key Bank，成立于 1825 年的一家美国银行。

3. 该组织英文原名为 Key4Women。

4. Stupak Amendment，2010 年美国出台的一项反堕胎的法案。

5. GoldieBlox，此处为音译。

6. 原组织名称为 Dress for Success。